TES

APTIVITÉ

ET

MORT

NT, Léon DUCOUDRAY,
Alexis CLERC,
BENGY,
npagnie de Jésus.

A. JOSSE, libr Edit. 31. rue de Sèvres, à Paris

IHS

IN MEMORIAM

## R. P. ARMANDI DE PONLEVOY

SACERDOTIS PROFESSI SOCIETATIS JESU,

Qui VII Kal. Oct. A. D. 1812,
Victoriaci natus, in Britannia,
Ut vix non penitus exstinctæ intra Galliar
Societati Jesu nomen daret,
Melanense Tirocinium in Subalpinis
Exsulans A. 1834 ingressus est;
Emensoque Religiosæ Probationis
Et Studiorum Curriculo,
Primum Brugellensi juventuti
Litterarum ac Pietatis Magister invigilav
Mox Parisios evocatus
Omne hominum genus, summos, infima
Optimales, Clerum, Pios cretus,
Vere apostolico zelo et insita mansuetudin
Christi amore inflammavit;
Cum regendæ et sospitandæ toto novenni
Provinciæ Franciæ societatis Jesu admot
Martyrum Pater, Votis ipse et animo Mar
Supremo Vitæ Anno Andegavi tironum Magi
Ad plura tamen et majora
Suorum et exterorum precibus Parisios revoc
Non rediisse visus est nisi ut ibi requiesc
Ubi maxima pro Christo, pro sancta Dei Eccle
Pro societate Jesu, pro animabus, egerat ac susti
In osculo Domini pie defunctus V Kal. Dec. 1

Dilectus Deo et Hominibus
Cujus memoria in benedictione est

# ACTES
## DE LA CAPTIVITÉ
ET
## DE LA MORT

DES PP. Pierre OLIVAINT, Léon DUCOUDRAY,
Jean CAUBERT, Alexis CLERC,
Anatole de BENGY,

Prêtres de la Compagnie de Jésus.

PARIS.— IMPRIMERIE ADRIEN LE CLERE, RUE CASSETTE, 29.

R. P. P. OLIVAINT, S. J.

# ACTES

## DE

# LA CAPTIVITÉ

## ET

# DE LA MORT

DES RR. PP.

P. OLIVAINT, L. DUCOUDRAY, J. CAUBERT,
A. CLERC, A. DE BENGY,

DE LA COMPAGNIE DE JÉSUS

PAR LE P. ARMAND DE PONLEVOY

DE LA MÊME COMPAGNIE

Ibant gaudentes.

## NOUVELLE ÉDITION

AUGMENTÉE DE PLUSIEURS DOCUMENTS INÉDITS
ET ORNÉE DE CINQ PORTRAITS PHOTOGRAPHIÉS DES RR. PÈRES
ET DE FAC-SIMILE.

## PARIS

### ADOLPHE JOSSE, ÉDITEUR

31, RUE DE SÈVRES, 31

—

1872

# ACTES
# DE LA CAPTIVITÉ
ET

# DE LA MORT

DES PP. Pierre OLIVAINT, Léon DUCOUDRAY,
Jean CAUBERT, Alexis CLERC,
Anatole de BENGY,
Prêtres de la Compagnie de Jésus.

J'ose mettre en tête de ce recueil le titre consacré dans la langue de l'Église ; il sera, je crois, assez justifié par le sujet et par le genre de mon modeste travail. En effet, dans les pages qui vont suivre, il n'y a rien de moi, ni le fond, ni même la forme ; j'ai seulement recueilli, classé et enfin édité. Les documents, ce sont des relations et des correspondances : d'une part, des témoins, providentiellement échappés de la Conciergerie, de Mazas et même de la Roquette, nous ont raconté ce qu'ils ont vu; de l'autre, nos chers captifs, aujourd'hui glorieusement libérés, se sont comme révélés eux-mêmes; du fond de leur cachot, ils ne pouvaient plus nous parler, mais ils pouvaient encore nous écrire, tantôt à découvert sous l'œil des geôliers, tantôt en cachette, à travers tous les verroux. Ces lettres, si simples, si sereines, m'ont paru un testament digne de nos martyrs.

Qu'on ne s'étonne pas si je ne m'occupe que de mes frères. Ce n'est point prétention de ma part; c'est simple discrétion. D'autres, nous l'espérons, feront pour les leurs ce que je fais ici pour les miens : *Fratres meos quæro.*

Mais avant de raconter les derniers combats de nos chers compagnons, je crois devoir donner au moins le sommaire et les principales dates de leur vie.

Le P. Pierre OLIVAINT naquit à Paris le
22 février 1816. Après de brillantes études au
collége Charlemagne, il passa trois ans à l'É-
cole normale, et obtint les degrés de licencié
ès lettres et d'agrégé d'histoire. Il enseigna
seulement deux ans dans l'Université, d'abord
au lycée de Grenoble, puis au collége Bourbon,
à Paris. Pendant les quatre années suivantes il
dirigea l'éducation du plus jeune fils de M. le
duc de La Rochefoucauld-Liancourt.

En 1845, il fut reçu dans notre Compagnie
par le R. P. Rubillon, alors provincial, et fit ses
deux ans de noviciat, partie à Laval, partie à
Vannes.

Envoyé au collége de Brugelette pour y enseigner l'histoire, il prononça ses premiers vœux le 3 mai 1847 et fut rappelé à Laval, où il étudia la théologie pendant quatre ans.

De 1852 à 1856, il fut attaché au collége de Vaugirard, comme professeur, directeur et prédicateur des élèves, et enfin comme préfet des études.

Après sa troisième année de probation, faite à Notre-Dame de Liesse en 1856, il fut nommé recteur du collége de Vaugirard, où il prononça ses vœux de profès, le 15 août 1857.

En 1865, il devint supérieur de notre maison, rue de Sèvres, et conserva ce poste jusqu'à sa mort.

☩
IHS

Le P. Léon DUCOUDRAY, né à Laval le 6 mai 1827, commença ses études dans sa famille, les continua au petit séminaire de Paris, que dirigeait alors Mgr Dupanloup, et les termina au collége de Château-Gontier.

Aussitôt après son cours de droit, qu'il poursuivit jusqu'au doctorat inclusivement, il fut admis dans la Compagnie par le R. P. Studer, provincial, le 2 octobre 1852, fit son noviciat à Angers et y prononça ses premiers vœux en 1854.

Il fut ensuite appliqué pendant trois ans à l'étude de la philosophie à Laval, puis attaché en qualité de sous-préfet des études à l'école Sainte-Geneviève, à Paris.

A partir de 1861, il étudia pendant quatre ans la théologie à Lyon, et immédiatement après fit sa troisième année de probation à Laon.

Il fut nommé recteur de l'école Sainte-Geneviève le 25 août 1866; après quatre ans, ce titre lui a coûté la vie.

Il avait prononcé ses derniers vœux de profès le 2 février 1870.

Le P. Alexis CLERC était né à Paris le
11 décembre 1819. Élève du collège Henri IV,
puis de l'École polytechnique, il embrassa la
carrière de la marine, où il servit pendant treize
ans.

Il était lieutenant de vaisseau, quand il
se présenta au R. P. Studer, provincial, le
28 août 1854.

Après son noviciat fait à Saint-Acheul, il
prononça ses premiers vœux, le 8 septembre
1856, dans la chapelle de cette maison.

Une seule année lui fut donnée pour repasser
sa philosophie à Vaugirard. Puis, pendant cinq
ans de suite, il fut employé comme professeur à
l'école Sainte-Geneviève.

En 1861 il alla suivre à Laval pendant quatre ans le cours de théologie. Il fut alors appelé de nouveau, comme directeur de congrégation et professeur, à Sainte-Geneviève.

En 1870, il fit à Laon sa troisième année de probation.

Enfin, après avoir bien mérité au service de notre grande ambulance du collége de Vaugirard pendant le siége de Paris, il fit ses vœux de profès le 19 mars 1871, dans la chapelle de l'école Sainte-Geneviève. Il allait bientôt les signer de son sang.

Le P. Jean CAUBERT naquit à Paris le 20 juillet 1811. Après avoir parcouru toutes ses classes
avec distinction au collége Louis-le-Grand, fait
son droit et trois ans de stage, il exerça pendant
sept ans l'office d'avocat au barreau de Paris.

Admis dans la Compagnie par le R. P. Rubillon, provincial, le 10 juillet 1845, il fit son
noviciat à Saint-Acheul et prononça ses premiers vœux à Brugelette le 31 juillet 1847.

Il consacra ensuite une année à repasser la
philosophie et trois autres à étudier la théologie.

A partir de cette époque, il fut constamment
employé dans diverses maisons comme ministre,
procureur et confesseur : au grand séminaire de
Blois trois ans, à l'école Sainte-Geneviève sept

ans, à la maison de la rue de Sèvres dix ans.

Il avait fait sa troisième année de probation à Notre-Dame de Liesse en 1853 et ses derniers vœux, le 15 août 1855, dans la chapelle Sainte-Geneviève. Humble et modeste dans sa vie, il a été magnanime dans sa mort.

Le P. Anatole DE BENGY naquit à Bourges le 19 septembre 1824. Élève pendant neuf ans de notre collége de Brugelette, et reçu dans la Compagnie à Rome par le T. R. Père Général, Jean Roothaan, de sainte mémoire, il commença son noviciat à Saint-André du Quirinal et le finit à Issenheim dans le Haut-Rhin.

Envoyé à Brugelette, il y prononça ses premiers vœux le 13 novembre 1847. Après une année consacrée à repasser sa rhétorique, il resta encore trois ans dans ce même collége, tantôt professeur, tantôt surveillant.

En 1851, il commença son cours de théologie à Laval ; il fit en 1855 sa troisième année de probation à Notre-Dame de Liesse et ses derniers vœux à Vannes le 2 février 1858.

Employé pendant six ans, à divers titres, dans plusieurs de nos colléges, il vaquait depuis 1863 au saint ministère dans nos résidences.

En 1856, avec plusieurs de ses frères, il avait fait partie de l'expédition de Crimée en qualité d'aumônier.

Enfin il avait sollicité et obtenu la même faveur en 1870, et durant le siége de Paris il se voua au service des ambulances volantes dans la banlieue. Soldat lui-même, n'a-t-il pas mérité la fin des braves ?

# LES PRÉLIMINAIRES

 VANT et pendant tous nos désastres de 1870, les signes avant-coureurs n'avaient point manqué à la catastrophe de 1871, et l'on peut dire qu'elle était pressentie, comme elle était préparée depuis longtemps. Quoi qu'il en soit, il est dans nos traditions de ne pas reculer devant la peur et de céder seulement à la force. En conséquence, et en dépit de tous les pronostics menaçants, il fut résolu, aussitôt après la conclusion de l'armistice, d'activer les préparatifs pour rouvrir dans le plus bref délai l'école Sainte-Geneviève et le collége de Vaugirard.

Pendant toute la durée du siége de Paris, et même dès le commencement de la guerre avec la Prusse, ces deux établissements avaient été spontanément offerts à l'Intendance militaire et transformés en ambulances permanentes, où des centaines de malades et de blessés avaient été entretenus et soignés; toutes les économies des deux maisons avaient passé dans cette bonne œuvre, chrétienne et patriotique. Il fallait maintenant en toute hâte assainir le local et remettre à neuf une bonne partie du mobilier.

La rentrée du collége de Vaugirard fut fixée au 9 du mois de mars, et au jour indiqué, près de deux cents élèves avaient déjà répondu à l'appel. Eh bien! c'est à cette seule circonstance, fort accidentelle, ce semble, qu'est due la préservation de toute la maison. En effet la révolution, de jour en jour plus menaçante, ayant enfin éclaté le 18 mars, le P. recteur, encore plus soucieux pour les enfants que pour les Pères, se hâta de faire partir tout son monde, maîtres et élèves, pour la campagne du collége, située aux Moulineaux entre Issy et Meudon.

Mais bientôt une nouvelle translation, encore plus précipitée, devint nécessaire. Le dimanche des Rameaux, 2 avril, les hostilités s'ouvrent entre Versailles et Paris; les Moulineaux, placés précisément dans la zone étroite qui sépare les lignes belligérantes, se trouvent pris entre deux feux; toute la famille, une seconde fois fugitive, se replie d'abord sur Versailles et se retire enfin à Saint-Germain-en-Laye. Le collége de Vaugirard, resté désert, fut envahi, occupé, pillé au milieu des plus ignobles orgies; mais là du moins, si l'on trouva quelque chose à voler, on ne trouva personne à prendre.

A l'école Sainte-Geneviève il avait fallu plus de temps pour réparer les avaries du siége, et les élèves n'avaient pu être convoqués que pour le 21 mars. Or, l'insurrection survenue dans l'intervalle nécessita de nouveaux retards; un contre-ordre fut donc immédiatement expédié dans toutes les directions, et les familles furent averties d'attendre un autre avis. Cependant le P. Ducoudray fit partir sans retard quatre de nos Pères; l'un pour essayer de négocier un emprunt en Angleterre ou en Belgique, afin de faire face aux extrêmes nécessités du moment; les trois autres pour chercher partout en province un abri sûr pour son école exilée. Aucune de ces démarches n'ayant abouti, on dut se rattacher à un dernier parti d'une exécution plus facile et moins coûteuse, et les élèves furent définitivement rappelés pour le 12 avril à la maison de campagne de l'école, située à Athis-Mons, sur le chemin de fer d'Orléans, à 20 kilomètres de Paris. Toute la communauté, le ministre en tête, s'y établit sur-le-champ; le P. recteur resta lui-même encore un peu à Paris, pour présider à la dernière opération du déménagement. Le 3 avril, il devait rejoindre les siens, quand Dieu l'arrêta et la Commune aussi.

A la rue de Sèvres, on avait pris également toutes les mesures que la prudence semblait suggérer, laissant le surplus à la Providence. Ainsi d'abord il avait paru bon de ne conserver à Paris qu'un petit nombre des nôtres, les hommes à la fois nécessaires et volontaires.

Quelques-uns furent donc envoyés en province, les autres restèrent dispersés dans l'ingrate capitale.

Quant à moi, le 20 mars au soir, je dus quitter la rue de Sèvres avec le petit personnel et matériel administratif, pour aller habiter dans un quartier plus tranquille, à l'abri d'une charité dévouée. C'est dans cet asile que le P. Olivaint, le 26 mars, vint me trouver; il insista pour obtenir mon départ de Paris déjà presque assiégé : encore un peu, les communications allaient être coupées; les chemins de fer ne prenaient plus de bagages, et bientôt sans doute ne prendraient plus même de voyageurs. Pouvions-nous prévoir que cette entrevue serait la dernière? Et c'était lui qui s'exposait, se perdait même, en voulant me sauver! Le 28 mars, avant de partir, je me rendis encore une fois, à travers les barricades, les canons et la foule armée, à l'école Sainte-Geneviève. Je vis, pour ne plus le revoir, le P. Ducoudray; et nous arrêtions ensemble des mesures qui devaient rester sans objet.

Ce jour-là même, j'allai me fixer, pour un
temps bien indéterminé, dans notre maison de
Versailles, à distance et cependant à proximité ;
assez loin pour avoir les communications libres
avec la province, et assez près pour les avoir
faciles et rapides avec Paris. Tous les jours, en
effet, et souvent plusieurs fois par jour, à travers
le fer et le feu, nous recevions des messages ou
des messagers. C'est là que nous avons attendu
le dénoûment, ballottés du commencement jusqu'à la fin entre la crainte et l'espérance. Et cependant je recueillais d'avance tous les documents contenus dans ce recueil, avec je ne sais
quel pressentiment que je conservais des reliques.

Après toutes ces séparations successives,
le P. Olivaint n'avait plus près de lui, à la rue
de Sèvres, que le P. Alexis Lefebvre, qui
devait désarmer même les bourreaux, et quelques frères coadjuteurs, dévoués et à l'épreuve
de la peur. Un tout jeune Frère, Jean Rethoré,
qui se mourait, épuisé au service de notre
ambulance de la rue de Sèvres, avait été trans-

porté à temps chez les bons Frères de Saint-Jean-de-Dieu, rue Oudinot.

Quant à notre résidence de Saint-Joseph des Allemands, rue Lafayette, elle allait rester sauve, protégée sur la terre comme dans le ciel. D'abord une bonne partie de la communauté, d'origine allemande, avait dû quitter la France, au début même de la guerre avec l'Allemagne. De plus, la maison se trouva naturellement placée sous le protectorat du ministre des États-Unis, chargé par la Prusse de veiller aux intérêts de ses nationaux à Paris. Enfin la modeste mission avait la réputation méritée d'être fort pauvre; c'était là un médiocre appât pour les limiers de la Commune.

Tel était, au moment fatal, l'état des personnes et des choses dans nos diverses maisons de Paris. Certes nul ne pouvait encore deviner quelles étaient, dans le nombre, les victimes prédestinées. En vérité il y a ici tout un mystère, et c'est le cas de répéter l'exclamation de l'Apôtre : *O altitudo!* Ainsi, d'une part, d'après nos calculs et nos mesures, ceux qui ont été

réellement élus pour le sacrifice ne devaient
pas y être appelés; car, à l'heure même de
leur arrestation, ils devaient se trouver hors
d'atteinte. D'autre part, ce n'est ni la prépara-
tion de cœur, ni même l'occasion, qui ont fait
défaut à ceux qui survivent. Par exemple, un
de ces derniers me demandait la permission de
demeurer à Paris, au service des âmes en
détresse et en péril : « Bien que porté à rester
à mon poste, m'écrivait-il le 16 avril, je sacri-
fierai tout à un de vos désirs, mais il me
semble que je suis un peu utile... Puis je trouve
si doux de m'abandonner entre les mains adorables de Notre-Seigneur! Ne voir que lui,
n'avoir que lui, ne dépendre que de lui, ne se
confier qu'en lui, mais c'est le ciel anticipé.
J'ai au fond du cœur un *alleluia* qui résonne
continuellement; car il serait bien déplorable
que des événements extérieurs, quels qu'ils
puissent être, nous fissent perdre la grâce du
temps pascal. C'est une magnifique occasion
d'acquérir la joie spirituelle, vertu si impor-
tante pour marcher à grands pas dans la voie

qui conduit à Jésus, notre amour : et les honnêtes gens de la Commune me paraissent des instruments visiblement choisis pour nous la faire acquérir. Donc, que votre cœur si tendre n'ait pour moi aucune inquiétude; je suis bercé doucement par Notre-Seigneur et je ne désire rien autre chose. »

Un autre, le 14 avril, me remerciait en ces termes d'avoir été maintenu à Paris : « Je ne saurais jamais assez vous dire combien je suis reconnaissant de la bonté que vous avez de me laisser ici le dernier. J'aurai peut-être à souffrir, j'aurai peut-être le bonheur de mourir pour le nom de Jésus, et par conséquent d'aller au ciel, de le ravir en quelque sorte, sans avoir jamais rien fait de bon pour le mériter. Que je vous remercie, mon Père! Soyez bien sûr pourtant que je ne veux pas faire d'imprudence. Bénissez-moi et priez pour moi; et si le bon Dieu m'accordait la grâce de mourir en quelque sorte martyr, dans la Compagnie, comme je le lui ai demandé tous les jours depuis plus de trente-cinq ans, soyez bien content, je ne cesserai de prier pour vous au ciel que je vous devrai. Je n'ose dire que j'en ai le pressentiment, mais j'en ai le plus grand désir. »

Mais il est écrit dans le saint Évangile : *Unus assumetur et alter relinquetur :* L'un sera pris et l'autre laissé. Que le Seigneur en soit deux fois béni !

R. P. L. DUCOUDRAY, S. J.

# LES ARRESTATIONS

A semaine sainte venait de s'ouvrir ; c'était bien une heure propice pour entrer dans le chemin de la croix.

Le premier coup porta sur l'école Sainte-Geneviève. Dès le lundi saint 3 avril, le P. Ducoudray m'écrit : « Aux grandes épreuves de la situation, le bon Dieu ajoute l'épreuve plus intime. Le P. de Poulpiquet a rendu ce matin son âme à Dieu. Hier matin, il semblait n'y avoir encore aucun danger prochain. Hier soir, vers six heures, la situation devenait beaucoup plus alarmante. J'ai administré le bon Père cette nuit à trois heures et demie, et je lui ai appliqué l'indulgence de la bonne mort. J'ai reçu son dernier soupir à huit heures et quart. Ce bon Père est allé au ciel, récompense de sa vie si édifiante. C'est une grande perte pour notre maison.

« Voici de nouveaux embarras, un décret rendu ce matin par la Commune : Confiscation des meubles et immeubles appartenant aux congrégations religieuses. J'ai déterminé avec les PP. Billo et de Guilhermy comment il fallait répondre à la visite qui peut nous venir à tout instant. A la garde de Dieu! »

Cette mort inopinée du P. de Poulpiquet retint le P. Ducoudray à Paris un jour de plus, hélas ! un jour de trop. Elle y ramena même plusieurs de nos Pères, déjà transférés à Athis, pour assister aux obsèques qui devaient avoir lieu le lendemain, 4 avril. Tous allaient y rester dans des conditions qu'ils n'avaient point prévues.

Dans la nuit du lundi au mardi saint, 4 avril, entre minuit et une heure, l'école est tout à coup cernée par un bataillon de gardes nationaux, tous armés jusqu'aux dents. La rue Lhomond,

la rue d'Ulm, le passage des Vignes, le chantier
au fond du jardin, tout est gardé. On frappe à
coups redoublés à la porte du n° 18. Le Frère
portier se lève aussitôt et vient dire que les
clefs sont, selon l'usage, déposées dans la
chambre du P. recteur, mais qu'il va les chercher pour ouvrir. Sur cette réponse, pourtant
assez simple et convenable, l'impatience est déjà
de la fureur; le clairon, en guise de sommation,
retentit trois fois à de rapides intervalles; une
décharge générale sur toutes les fenêtres de la
rue Lhomond jette l'alarme dans le quartier;
on menace d'aller chercher, à quelques pas de
là, des canons et des mitrailleuses en batterie
sur la place du Panthéon. Enfin les portes s'ouvrent, le P. recteur se présente et, avec un calme
parfait, veut faire quelques observations au nom
du droit commun et de la liberté individuelle.
Mais l'heure en était bien passée! Le commandant, le revolver à la main, signifie, pour toute
réponse, au P. Ducoudray qu'il le constitue prisonnier et qu'il occupe la maison, afin d'enlever
les armes et les munitions qu'elle recèle. Là,

comme ailleurs, au fond on en voulait surtout à la caisse. « Ce qu'il nous faut, avait dit un membre de la Commune, c'est de l'argent. » Mais en vérité, surtout après les dépenses du siége, on devait être bien mal venu.

Cependant tout le monde était sur pied dans la maison : on allait et venait un peu au hasard, et chacun suivant son instinct. Mais avant tout, un prêtre courait à une chapelle intérieure où, par précaution, on avait retiré le Saint-Sacrement, et se hâtait de le soustraire aux profanations.

Les envoyés de la Commune étaient en nombre et en force pour procéder à plusieurs opérations à la fois. D'abord un poste fut établi dans la cour d'entrée, et des factionnaires furent distribués dans les corridors et les cours, à toutes les issues, et enfin le long des murs autour du jardin. On mit aussitôt la main sur tous les nôtres qu'on put rencontrer, Pères et Frères, et même sur les domestiques de l'école. A mesure qu'on les arrêtait, on les amenait au poste dans la cour d'entrée, et là on les faisait asseoir. Ce ne fut qu'au bout de deux longues heures qu'on leur permit d'entrer dans les petits parloirs qui ouvrent sur la cour, afin d'y attendre qu'on eût statué sur leur sort.

En même temps on visitait, on fouillait toute la maison. Le P. recteur lui-même eut à conduire partout le commandant avec son escorte. La perquisition fut très-longue et fort minutieuse, sans le résultat attendu, ou au moins désiré : comme de raison, on ne trouva point ce qu'on cherchait; point d'armes et bien peu d'argent. Du reste, le P. Ducoudray, sans se démentir un seul instant, répondait avec tant de sang-froid, de dignité et de politesse, que les gardiens étonnés se disaient : « Quel homme ! et quelle énergie de caractère ! » Enfin, après trois pénibles heures, on le ramena lui-même dans la cour; mais dès ce premier moment on le sépara de ses frères, et on le mit à part dans un petit vestibule de la chapelle, en face des parloirs.

Il est presque superflu d'ajouter que le pillage de la maison commença presque immédiatement, accéléré et complété le lendemain et les jours suivants par des bandes de femmes et d'enfants. Par un bonheur tout providentiel, la bibliothèque et le cabinet de physique furent, seuls, à peu près respectés.

A cinq heures du matin, le clairon sonne le rappel ; c'est le signal du défilé et du départ pour la Préfecture de police. Les prisonniers sont rangés entre deux haies de gardes nationaux, le P. recteur en tête, à une petite distance de tous les autres ; derrière lui les PP. Ferdinand Billot, Émile Chauveau, Alexis Clerc, Anatole de Bengy, Jean Bellanger, Théodore de Régnon et Jean Tanguy, les FF. Benoît Darras, Gabriel Dédébat, René Piton, Pierre Le Falher et sept domestiques.

A la hauteur du pont Saint-Michel, vers l'entrée de la Cité, le P. Ducoudray se retourne et d'un air radieux dit au P. Chauveau qui se trouvait plus près de lui : « Eh bien ! *Ibant gaudentes* [1], n'est-ce pas ? » — « Que vous a-t-il dit ? » demandent à ce dernier les gardes

---

[1] *Ibant gaudentes... quoniam digni habiti sunt pro nomine Jesu contumeliam pati.* Act. v, 41.

Ils s'en allaient tout joyeux d'avoir été jugés dignes d'être outragés pour le nom de Jésus-Christ.

inquiets. Celui-ci répète la phrase suspecte.
Dieu sait ce qu'ils pouvaient y comprendre !

En arrivant à la Préfecture de police, les
clairons sonnent aux champs pour annoncer le
succès de l'expédition et la riche capture qu'on a
faite. Les prisonniers ont à traverser des groupes
nombreux de gardes nationaux, au milieu des
irsées, des huées générales. A leur entrée, un chef
de bataillon, nommé Garreau, jeune encore et
d'une figure assez douce, les accueille par ces paroles qui ne l'étaient guère : « Pourquoi donc
m'amenez-vous ces coquins-là ? Que ne les avez-
vous fusillés sur place ? » — « Doucement ! ré-
partit un garde national, il faut procéder avec
calme, autrement vous pourriez y passer avant
les autres. »

On entre alors dans le cabinet de ce même
chef de bataillon, lequel, le revolver à la main,
demande d'abord le Directeur.

Le P. Ducoudray avance et répond : « Me
voici.

« — Vous avez des armes dans votre maison, je le sais.

« — Non, Monsieur.

« — Je le sais de source certaine.

« — S'il y en a, c'est à mon insu.

« — Vous avez une volonté de fer. Nous irons voir cela tous deux, et si nous n'en trouvons pas, vous ne reviendrez pas ici. Du reste, vous avez commis bien des crimes... »

Ici commença toute une énumération de forfaits : empoisonnement des malades et des blessés à l'ambulance, perversion de la jeunesse, complicité avec l'*infâme* gouvernement de Versailles. — Le P. Ducoudray se souvint que Jésus se taisait, lorsqu'il était accusé, *Jesus autem tacebat*, et comme son Maître adoré, vrai disciple, il resta silencieux et impassible.

Alors le citoyen Garreau, passant tout à coup de la violence à l'ironie, se tourne vers ses satellites : « Ces messieurs s'en donnaient, pendant que nous mourrions de faim! Aujourd'hui les rôles sont changés. Et d'abord, ces messieurs doivent être fatigués, nous avons dérangé leur sommeil; vous allez leur donner des sommiers élastiques. » — « Oui, oui, rembour-

rés de noyaux de pêche, » s'écria un garde
national, sans doute pour faire chorus avec son
chef.

« Quant à vous, ajouta ce dernier en s'a-
dressant au P. Ducoudray, je vais vous donner
un écrou serré. »

La liste des prisonniers est dressée. Le tour
du P. de Bengy venu : « Anatole de Bengy!
s'écrie le noble Garreau, c'est bien, voilà un
nom à vous faire couper le cou. » — « Oh!
j'espère, répond le Père sans s'émouvoir, que
vous ne me ferez pas couper le cou à cause de
mon nom.

« — Et quel est votre âge ?

« — Quarante-sept ans.

« — Vous avez assez vécu ! »

Sans autres formalités, les prévenus sont conduits sous bonne escorte par le citoyen Garreau.
Le P. recteur est renfermé seul et au secret dans
une cellule de la Conciergerie. Tous les autres
sont menés à la prison du Dépôt, dans une salle
commune destinée jusque-là aux femmes sans
aveu que la police ramasse la nuit dans les ruis-

seaux de la capitale. Il y avait là une trentaine de détenus, et chaque jour en voyait grossir le nombre.

Nous aurons à revenir bientôt à la Conciergerie, mais afin de suivre l'ordre des temps et des faits, repassons un instant à la rue Lhomond, et dans la soirée du même jour nous nous arrêterons un peu plus à la rue de Sèvres.

Trois des nôtres étaient encore restés à la maison Sainte-Geneviève.

Au milieu de l'affreux tumulte de la nuit précédente, comme chacun prenait conseil de soimême, le P. Elesban de Guilhermy fut trèsheureusement inspiré de descendre dans le jardin. Là, au milieu d'un massif d'arbustes au feuillage encore bien rare et tout transparent, tantôt debout, tantôt assis ou couché, il se contente d'attendre pendant de longues heures et de s'attendre à tout. Les hommes armés vont et viennent dans tous les sens, passent et repassent tout près de lui, et personne ne le voit. Le grand jour enfin venu, le clairon ayant sonné le rappel, le Père sort tranquillement de son

gîte nocturne et va droit à la chambre du Frère
coadjuteur, Georges Merlin, depuis assez longtemps gravement malade et complétement alité.
Il s'installe à son chevet en fonction de garde-
malade, et plus tard il y est rejoint par le
F. Jean-Baptiste Margerie, infirmier de l'école,
qui a trouvé moyen, lui aussi, d'échapper aux
perquisitions de la nuit. Or, par une exception
assez étrange, le fait posé fut comme un droit
acquis : les trois derniers hôtes de la maison
furent sans doute déclarés en état d'arrestation
et désormais gardés à vue; cependant la
chambre d'un malade put leur paraître pendant
deux mois une prison comparativement mitigée.

La journée du 4 avril allait se clore à la rue
de Sèvres. Cette scène du soir, moins bruyante
que celle du matin, devait être aussi fatale
dans ses conséquences. Le P. Olivaint était bien
assez averti du coup qui le menaçait, mais Dieu
sans doute lui inspira la pensée d'attendre; il
attendit de pied ferme. Bien des fois on était
venu le prévenir officieusement, et même,
assure-t-on, de la part d'un membre de la Com-

mune, de tout ce qui s'apprêtait pour le soir. Un peu avant midi, à une personne dévouée qui le suppliait de s'éloigner, il se contenta de répondre : « Que voulez-vous? Je suis comme un capitaine de vaisseau, qui doit rester le dernier à son bord. J'ai déjà mis en sûreté tout mon monde; le P. Lefebvre seul ne veut pas me quitter, et quelques Frères gardent avec nous la maison. Après tout, si nous sommes pris aujourd'hui, je n'aurai qu'un seul regret, c'est que ce soit le mardi et non le vendredi saint. »

La même personne revint à la charge vers six heures du soir, encore plus alarmée et plus pressante que le matin; d'après des informations qui paraissaient trop certaines, la redoutable visite devait avoir lieu entre sept et huit heures. — « Allons donc! Pourquoi vous inquiétez-vous ainsi, mon enfant? lui répondit une dernière fois le P. Olivaint; le meilleur acte de charité que nous puissions faire, n'est-ce pas de donner notre vie pour l'amour de Jésus-Christ? »

Cependant, comme on vint annoncer qu'à

cette heure même, la visite se faisait dans la maison des Lazaristes, il envoya un des Frères pour s'en assurer. Le fait était vrai. Quant à lui, il se mit à réciter tranquillement son bréviaire dans le corridor du rez-de-chaussée, en face de la porte d'entrée. Un ami venant à passer : « J'attends, » lui dit-il encore en lui serrant la main.

Enfin, à l'heure ordinaire de la collation de carême, à sept heures un quart, on se rend au réfectoire, quand tout à coup survient le Frère portier : le délégué de la Commune était là, à la tête d'une compagnie de gardes nationaux. La consigne donnée au portier était de les retenir sous le vestibule ou dans les parloirs jusqu'à ce que le Supérieur lui-même arrivât, et le F. François Gauthier sut bien l'observer, malgré l'impatience et les menaces des visiteurs. Il y avait quelque chose de bien plus important et de plus pressé que d'aller rendre hommage aux ambassadeurs armés de la Commune, c'était de sauvegarder l'unique trésor de la maison, Notre Seigneur et Maître, Jésus. Dans la prévision de ce qui allait arriver, on avait eu soin le matin de consommer toutes les saintes hosties, à la réserve de deux seulement. Pouvait-on tout un jour se passer de la présence réelle? Les deux Pères s'élancent vers leur chambre; chacun d'eux avait son viatique tout prêt. Le P. Lefebvre revient le premier, suivi bientôt par le P. Olivaint. Le citoyen Goupil, après avoir fait sonner bien haut son nom et son titre d'envoyé officiel de la Commune, notifie l'objet de sa mission, qui est de chercher les armes et d'autres choses encore tenues en réserve par les Jésuites; et presque aussitôt, alléguant de graves et urgentes affaires, il se substitue un citoyen Lagrange qui devait le remplacer dignement. En effet, pour avoir une juste idée de la morgue impie et de la grossière insolence de ces fonctionnaires de la Commune, il faut les avoir vus et entendus. Le citoyen Lagrange ordonne ainsi son expédition : Une cinquantaine de gardes nationaux veilleront sur toutes les issues; les autres, en nombre à peu près égal, feront escorte pendant l'inspection, et deux factionnaires devront rester à la porte des salles à mesure qu'elles auront été visitées. Le P. Olivaint, de son côté, disposa son petit personnel. Les FF. Pierre Bouillé et Charles Jaoüen tinrent compagnie aux gardes nationaux qui occupaient l'entrée et les abords de la maison. Pendant qu'on procédait aux perquisitions, marchaient en tête des visiteurs le F. François Gauthier, chargé d'un trousseau de clefs, et le F. François Guégan, sacristain, portant un flambeau. Ce dernier avait bien proposé d'allumer tous les becs de gaz, mais pour toute réponse on menaça de le fusiller, sous prétexte qu'il cherchait à s'évader, ou bien à dérober quelque objet précieux aux investigations de la Commune. La fouille à fond dura plus de trois heures; dans le vrai, elle parut médiocrement amuser ceux qui la faisaient : aussi bien elle ne rapportait même pas ce qu'elle coûtait; sans doute elle avait encore moins de charmes pour ceux qui la subissaient. Le citoyen Lagrange et son second, qui avait toutes les allures d'un transfuge de séminaire, parlaient beaucoup, tantôt avec violence, tantôt avec ironie; le P. Olivaint restait calme dans ses réponses et se montrait plein de réserve.

Mais vint enfin l'instant critique. Dans la chambre du P. procureur on a découvert la caisse de la maison. A cette vue : « Ouvrez vite, s'écrie-t-on, où est la clef ? » — « Je ne l'ai pas et elle n'est même pas ici, répond le P. Olivaint. Le P. procureur absent l'a prise et emportée avec lui. » — On s'emporte alors et on tempête. A toute force il faut de l'argent ; il est donc enjoint au F. Guégan d'aller, escorté de trois gardes nationaux l'arme au bras, chercher le P. procureur dans sa retraite et de le ramener mort ou vif. Le P. Caubert arrive en effet, ouvre la caisse ; elle était vide. Celui-ci a beau expliquer et motiver le fait : depuis le commencement du siége de Paris, il y avait suppression des recettes et augmentation des dépenses : l'entretien absolument gratuit d'une nombreuse ambulance avait épuisé toutes les dernières ressources, et depuis assez longtemps on ne vivait plus que d'emprunts. N'importe, le citoyen Lagrange n'entend rien : « Nous

sommes volés, s'écrie-t-il ; eh bien ! au nom de
la Commune, le supérieur et l'économe sont
mes prisonniers ; partons pour la Préfecture
de police. » Le P. Lefebvre demande en sup-
pliant une grâce, celle d'être emmené avec ses
frères : « Non, non, lui est-il répondu, restez ici et
gardez cette maison au nom de la Commune... »
Dans le fait, la sentence du citoyen Lagrange
est devenue prophétique, et la maison gardée par
le P. Lefebvre a été épargnée avec lui.

Il était environ onze heures et demie du soir
quand les deux prisonniers partirent sans retour.
En vain avait-on cherché une voiture pour le
long trajet.

Dans la rue, une foule assez nombreuse sta-
tionnait à la porte : le P. Olivaint ne parut re-
marquer au passage qu'un seul groupe de figures
amies et compatissantes ; il salua en souriant,
comme s'il disait : *Ne pleurez pas sur moi !*

Le citoyen Lagrange, avec sa compagnie,
s'en alla au quartier de la place Vendôme,
aussi fier de ses prouesses de la nuit que s'il
avait battu les Versaillais. Un piquet seulement

d'hommes armés emmena les prisonniers à la Préfecture de police, et là, au lieu d'être réunis avec les autres dans la salle commune du Dépôt, ils furent immédiatement écroués au secret dans des cellules de la Conciergerie.

Le P. Lefebvre me fit passer ce billet à Versailles : « Les PP. Olivaint et Caubert, en prison. On n'a pas voulu de moi absolument, et je reste seul à la maison avec le F. Bouillé, grâces à Dieu, sans peur. Les autres sont dispersés et viennent de temps en temps me voir. Je mets le bon Dieu à la tribune, près de ma chambre, et quand on reviendra, je consommerai les saintes hosties. L'église sera fermée. On arrête les curés ; Monseigneur aussi est à la Préfecture de police ; ce sont des otages, à ce qu'on m'a dit. Priez, priez pour moi, mon Père ; oh ! que je serais heureux de donner ma vie pour Notre Seigneur. »

Non ; la Commune avait déjà désigné ses victimes ; ou plutôt, bien avant elle, Dieu lui-même avait choisi ses martyrs.

R. P. J. CAUBERT. S. J.

# LA CONCIERGERIE

USQU'ICI nous avions dû suivre les scènes diverses et passer d'une maison à l'autre; désormais notre récit va nécessairement se circonscrire, nous n'aurons pour théâtre qu'une prison et un cachot.

Il nous a bien fallu aussi unir aux noms des victimes les noms de quelques-uns de leurs frères, parce que leur fortune était encore confondue. Mais le triage est fait, la séparation consommée, et nous n'avons plus qu'à nous tenir dans le cadre tracé par la Commune.

La Conciergerie fut donc la première station dans la voie douloureuse. Le P. Ducoudray avait d'avance tout prévu et tout accepté. Le prince R. de Broglie nous écrivait e 4 juin : « De ma vie je n'oublierai la visite que je lui fis le 19 mars, son accueil plein de bienveillance et son paternel intérêt pour mon neveu. Dans cet entretien, le Révérend Père me prédit tout ce qui est arrivé : « Avant peu, me dit-il, nos églises « seront fermées, nos maisons dévastées, nos « personnes arrêtées, et Dieu sait qui retrouvera « sa liberté. Les actes qui vont se produire auront « un caractère particulier de haine contre Dieu, « et ce qui est bien triste à dire pour un prê re, il « n'y a pas d'autre argument avec les malheureux « qui sont maîtres de Paris, que le canon : voilà « sept mois que je vis au milieu de ces hommes, « et je n'ai pas encore rencontré un cœur ou un « esprit honnête. »

M. le comte de Beaumont écrivait aussi le 31 mai : « Je ne puis me faire à l'idée de ne plus revoir ce bon P. Ducoudray, pour lequel j'aurais donné ma vie ; je conserve précieusement ment sa dernière lettre, écrite très-peu avant son arrestation et où il me disait textuellement :

« Ne sommes-nous pas arrivés au temps où il
« est plus pénible de savoir vivre que de savoir
« mourir ? »

Dans une autre lettre du 20 février, le P. Ducoudray exprime ainsi ses appréhensions :
« Depuis six mois je ne vis que de deuils et de
tristesses. Quel spectacle douloureux nous avons
eu pendant le siége de Paris, et au sortir
du blocus, quel affreux réveil! Que de noms
manquent à l'appel quand je me pose devant
mes anciens élèves! Mon Dieu! faut-il vous
dire que je ne puis encore espérer? Paris a
perdu la dernière fibre de sens moral et religieux. Sa population est insensée, en délire.
Pouvons-nous espérer le retour des miséri-
cordes divines, quand cette immense cité ne
songe qu'à fonder une société basée sur l'ab-
sence de la religion et sur la haine de Dieu? Il
faut encore un miracle pour nous aider à sortir
de l'abîme où nous sommes plongés. Je me tais...
J'ai le cœur trop gros et l'âme trop sombre. »

Dès le début de sa réclusion au secret, le
P. Ducoudray avait demandé d'avoir un de

ses frères pour compagnon de captivité ; il désignait même nommément le P. Alexis Clerc, homme excellent et saint religieux, du plus heureux caractère, du cœur le plus généreux. Celui-ci répondit dans l'allégresse à la consigne qui l'appelait à la mort.

Le lendemain, 5 avril, le P. Olivaint adressait au P. Lefebvre la lettre suivante :


« Mon cher ami,


« Vous avez donc perdu la bonne occasion que vous aviez désirée. Vraiment je vous plains en Notre Seigneur. On n'est pas trop mal ici. La cellule est encore plus modeste que rue de Sèvres : c'est un gain. Je crois vraiment qu'on prie moins bien rue de Sèvres qu'ici : c'est donc encore un gain. Je fais ma retraite ; j'ai commencé hier soir. En vérité, j'attends plus de fruits de celle-là que de toutes les autres. Que Notre Seigneur est donc bon, et qu'on fait donc bien de s'abandonner à lui ! Veuillez avertir mon ami P.... de ce qui m'est arrivé... Je vous charge de me rappeler au souvenir de M. D. : dites-lui bien d'être très-tranquille. — Je ne sais rien sur mes compagnons de la rue Lhomond. Je les crois ici avec M. Caubert et moi. J'espère que vous pourrez me voir. Le directeur est, m'a-t-on dit, M. Gareau, qui, m'a-t-on dit aussi, est très-accessible. Je suis à la Préfecture de police, quartier des Femmes, n° 65.

« Ce que c'est que de n'avoir pas l'habitude de ce singulier gîte : tout à l'heure un domestique en balayant a frappé la porte et j'ai crié : *Entrez,* de ce ton un peu décidé qui vous amusa quelquefois. Je m'en suis amusé moi-même. Pourquoi serions-nous tristes ? Dites bien à tous ceux qui parleront de moi, de ne pas se décourager. *Quare tristis es, anima mea, et quare conturbas me? Spera in Deo, quoniam adhuc confitebor illi* [1].

« Deux petites commissions pour la première occasion : m'envoyer ma loupe dont j'ai tant besoin avec mes méchants yeux; — je voudrais

[1] Mon âme, pourquoi es-tu triste et pourquoi me troubles-tu ? Espère en Dieu, parce que je dois encore le louer. *Ps.* xli, 6.

bien avoir aussi la *Doctrine spirituelle* du P. Lallemant, que l'on trouvera dans mon prie-Dieu. — Un mot au bon M. Moissenet, rue Richepance. Remercîments pour ceux qui avec tant de dévouement hier soir ont fait à travers la maison la triste promenade; remercîments pour vous d'abord.

« Bien à vous, tout à vous de cœur. »

Dès son entrée à la Préfecture de police, le P. Olivaint avait témoigné de cette joie qui remplissait son cœur. Le jour même où il écrivait au P. Lefebvre, apercevant à travers le guichet de sa cellule M. l'abbé Petit, secrétaire de l'archevêché, qui, lui aussi, venait partager sa captivité : « *Ibant gaudentes!* lui dit-il ; c'est pour le même maître ! » et il lui serra la main.

Cette sainte allégresse était un mystère pour les gardiens ; et, comme l'un d'entre eux en marquait de l'étonnement : « Je serais dans un trou, lui répondit le P. Olivaint, je ne m'ennuierais pas. »

Le P. Caubert n'était ni moins calme ni moins résigné que son supérieur. Il acceptait par avance tout ce que Dieu déciderait ; et quand les prisonniers furent en présence du greffier pour être enregistrés, il dit à M. l'abbé Petit : « Il faut des victimes ; c'est Dieu qui les a choisies. »

De leur côté, le P. Ducoudray et le P. Clerc écrivaient aussi le 5 avril ; et sur des billets qui portent le visa et le timbre de l'état-major de la place, ils demandent pour les dix-neuf détenus de Sainte-Geneviève, qui n'ont rien pu apporter avec eux, quelques objets de première nécessité.

Le jeudi saint, 6 avril, il y eut une courte éclaircie de joie dans la salle commune, quand on reçut de la part du P. Ducoudray, comme un dernier souvenir de sa charité, une copieuse provision de linge et de comestibles. Mais bientôt y succéda une vraie consternation ; le P. de Bengy est appelé pour être transféré avec d'autres prisonniers de la Conciergerie à Mazas. Assez tard dans la soirée, une voiture cellulaire, partagée en huit cases soigneusement fermées et séparées les unes des autres, emportait, avec Mgr l'Archevêque et M. le président Bonjean, les PP. Ducoudray, Clerc et de Bengy. Nous les y suivrons bientôt.

Par bonheur pour les détenus de la salle commune, au nombre encore de dix-sept, il survint alors à l'Hôtel-de-Ville un instant d'indulgence, et, à travers bien des péripéties qui ne sont plus de mon sujet, ils furent relâchés le 12 avril, après neuf jours d'emprisonnement.

Restèrent seulement à la Conciergerie le P. Olivaint et le P. Caubert, l'un et l'autre en cellule, au secret, sans communication possible.

Eh bien! à dater de cette heure, je crois en vérité écrire un épisode des catacombes. L'Église est bien toujours féconde en âmes généreuses; mais c'est l'épreuve surtout qui met à nu le fond des cœurs; et si, d'une part, il y a dans les martyrs une patience plus grande que toutes les douleurs, il y a dans les chrétiens une charité plus forte que la mort même.

Un petit service de ravitaillement et de correspondances fut bientôt organisé et fonctionna sans relâche jusqu'à la fin. Trois fois par semaine on apportait des provisions; nous le verrons, on sut faire bien mieux encore. Mais nous laisserons les captifs nous parler désormais eux-mêmes et nous révéler leur âme, en nous racontant leur vie. Du fond de leur cachot, ils peuvent seuls être leurs propres témoins. Je n'ai plus qu'à copier les lettres, dont j'ai tous les autographes sous les yeux.

Le premier de ces messages est du P. Olivaint, à la date du 7 avril, le vendredi saint.

« Que je vous remercie! mais remerciez Notre Seigneur avec moi. Il veille si bien sur les siens, que je ne sens, à vrai dire, aucun besoin. Tout le monde ici est très-bon; mais je ne puis rien vous dire de plus. Confiance, courage! Redisons encore et toujours : que Notre Seigneur est bon! »

Le 8 avril, le P. Caubert écrit: « La confiance en Dieu donne des forces, et Notre Seigneur est le soutien de ceux qui espèrent en lui. Merci de vos prières! Je profite du loisir forcé pour faire ma retraite annuelle. Quelques petites provisions ne nuiront pas, si c'est possible ; sinon, *fiat* ! comme il plaira à Dieu ! Notre Seigneur nous a donné l'exemple de souffrir. »

Le même jour, le P. Clerc écrivait de Mazas, à M. Jules Clerc son frère, une lettre que nous enregistrons ici, pour la mettre à sa date.

Après lui avoir demandé quelques livres de mathématiques et tous ses papiers laissés dans sa chambre à l'École, il ajoute : « Je me porte très-bien, suis très-content, et, avec ces livres, défierai indéfiniment l'ennui, qui ne s'est point encore présenté. »

Nous avons trois lettres du 9 avril, le saint jour de Pâques. Pour un cœur chrétien, il y a toujours et partout des fêtes, même en prison.

« Je suis sûr d'aller au-devant de vos désirs, en vous donnant de mes nouvelles, écrit le P. Olivaint. Avec un peu d'imagination, vous me croyez mort ou du moins bien malheureux. Détrompez-vous et rassurez ceux qui auraient la bonté de s'inquiéter à mon sujet. Vous allez trouver que j'ai un singulier caractère ; mais je ne suis vraiment pas mal ici. Je me suis mis en retraite en arrivant : de cette manière, je vis bien plus dans le cœur du bon Dieu que dans ma pauvre cellule ; je trompe ainsi et les lieux et les temps, et les hommes et les événements ; je profite de tout et je suis très-content. J'ai déjà fait trois jours de ma retraite. Pourvu qu'on me donne le temps de finir ! Ah ! qu'ai-je dit ? Il faut rétracter bien vite cette parole-là ; bien plutôt je désire vivement, pour tous mes compagnons, que l'épreuve ne dure pas huit jours. Mais comment finira-t-elle ? Où en sommes-nous ? Que se passe-t-il ? Que veut-on de nous ? De quoi sommes-nous accusés ? Je ne sais rien de tout cela. Eh bien, à la Providence ! Pas un cheveu de ma tête ne tombera sans la permission du Maître, voilà ce que je sais bien ; et s'il fait tomber le cheveu, et encore autre chose, ce sera pour mon plus grand bien. Mais je ne suis pas digne de souffrir pour lui ; au moins que je tâche par la retraite de m'en rendre digne...

« Maintenant quelques commissions : d'abord

procurez-moi un promenoir en raccourci d'un kilomètre, que je puisse arpenter dans ma chambre, car nous n'avons pas encore pu mettre le pied dehors. Si vous trouvez aussi de l'air condensé, comme le lait à l'anglaise, par la même raison que nous restons enfermés, je vous serais bien obligé de l'envoi. Vous voilà bien dans l'embarras et bien dans la peine, j'en suis sûr, de voir votre dévouement arrêté par l'impraticable. Consolez-vous : les plaisanteries vous disent assez qu'au fond je n'ai besoin de rien.

« Grande privation d'être ici pour Pâques. Mais patience ! N'en chantons pas moins de bon cœur l'*Alleluia*. Confiance ! Confiance ! »

Le P. Caubert, de son côté, faisait passer ce billet daté du même jour : « Merci de vos provisions ! On s'unit moins facilement à Dieu, quand on a à peu près tout ce qu'il faut. Le sacrifice aide plus que tout le reste à trouver Dieu et à ne s'appuyer que sur lui seul. J'espère que le P. Olivaint va assez bien, car nous ne nous voyons pas. On a des forces quand on met sa confiance en Dieu et qu'on s'abandonne à sa providence toute paternelle. Le moral soutient le corps. Je l'éprouve bien, depuis que je suis captif pour Notre Seigneur et ne sortant pas de ma cellule. »

Enfin à Mazas, comme à la Conciergerie, on goûtait dans les fers les joies pascales, et le P. Clerc adressait à son frère une lettre qui se rattache à cette journée :

« Mon cher Jules,

« *C'est aujourd'hui la fête des fêtes, la Pâque des chrétiens, le jour que le Seigneur a fait!* Il n'y a eu pour nous messe ni à dire ni à entendre, mais il y a eu la joie et la paix dans le Seigneur.

« Comme tes envois sont beaucoup plus copieux qu'il ne faut pour moi, ton intention de venir au secours de mes compagnons de captivité m'est démontrée, et si je suis heureux de t'exprimer ma reconnaissance pour ta fraternelle amitié, je le suis bien davantage de le faire pour ta charité ; c'est la plus excellente de toutes les vertus, et qui ne sera remplacée par rien de plus ex-

cellent, même dans le ciel. Et aussi, non-seulement je te remercie, mais je te félicite, parce que
je sais que Dieu ne te laissera pas sans récompense pour ton zèle à subvenir aux besoins de
ceux qui souffrent pour son nom.

« Ce m'est une nouvelle et vive consolation que
de te voir associé à notre tribulation. Je n'en suis
pas seulement heureux et fier pour mon compte,
mais aussi pour le tien ; et j'espère que c'est là
pour toi et pour les tiens la première des grâces,
dans une série plus abondante qu'auparavant,
que Dieu répandra sur vous tous.

« Ne t'inquiète plus de moi ; mets ta famille en
sûreté, c'est le plus pressé. Je n'ai du reste aucun
besoin à te faire connaître. J'ai du linge suffisamment, et j'ai de l'argent pour me procurer des aliments.

« Je m'étais préparé ce matin à déjeuner : juste
arrive ton envoi ; j'ai fait honneur à tout. Cette
rencontre si opportune est une des mille délica-
tesses de la providence de notre Père qui est aux
cieux. Qu'il en soit béni, et l'instrument qu'il a
choisi pour me faire arriver ses bienfaits ! Je ne

veux pas demander à la Préfecture la permission
de prendre des livres chez moi, non pas par crainte
d'un refus, ni pour m'épargner la reconnaissance,
mais pour de meilleures et plus hautes raisons.
D'ailleurs, avec la Bible, j'ai de quoi nourrir mon
âme pendant plus de temps que je ne serai en prison, y dussé-je mourir de vieillesse. Que Charles,
qui m'enseigne à souffrir le mal avec patience,
veuille enfin apprendre de moi à le supporter
avec Notre Seigneur ; il trouverait le secret de
souffrir avec joie et avec fruit. »

Ici s'arrête la première série de correspondances que nous avons pu recueillir ; à dater
du 9 avril, il y a une interruption jusqu'au 17.
A cette époque pourtant se rapportent encore
quelques détails dignes de mémoire.

Voici d'abord un hommage rendu au P. Olivaint, aussi honorable assurément à celui qui
en est l'auteur qu'à celui qui en était l'objet :
l'un avait fait de la charité, l'autre pratiquait de
la reconnaissance.

Un jour, un ecclésiastique vint me trouver à

Versailles. « Je suis le curé de Montmartre, me dit-il, je suis venu ici chargé d'un message de Mgr l'archevêque de Paris pour le chef du pouvoir exécutif. J'ai vu M. Thiers et j'ai sa réponse : elle est négative et sans doute elle me sera fatale ; mais n'importe, j'ai donné ma parole en sortant de Paris ; je dois et veux la dégager en y rentrant. Toutefois, avant de partir, j'ai une dette à payer. Je suis moi-même un des prisonniers de la Conciergerie ; or, comme là je manquais de tout, le bon P. Olivaint, averti de ma détresse, avait la charité de me faire part de ses petites ressources. Je tenais à le remercier, mais il n'est plus permis de l'atteindre et c'est à vous du moins que j'ai voulu exprimer ma reconnaissance. » — Cela dit, ce digne prêtre se met à genoux : « Mon Père, ajoute-t-il, donnez-moi votre bénédiction, je pars comme si j'allais à la mort. » — Nous nous jetons en pleurant dans les bras l'un de l'autre, et il disparaît. Cependant la Commune de Paris, cette fois du moins, se piqua d'honneur ; et le nouveau Régulus, à son retour, fut rendu à la liberté.

Enfin le jeudi 13 avril, le dernier jour passé à la Conciergerie, fut marqué par un événement qui effaçait tous les autres. Après avoir beaucoup cherché, on finit par trouver une voie sûre pour faire arriver aux deux captifs, non pas une consolation seulement, mais le Consolateur lui-même. Le Dieu caché se cacha plus encore ; sans être vu même des geôliers, il entra, et la prison devint une *maison de Dieu* et parut comme la *porte du ciel*.

Il était temps du reste de donner aux deux martyrs le cordial divin. Quelques heures plus tard, le P. Olivaint et le P. Caubert allaient rejoindre les trois qui les avaient précédés à Mazas, faisant une dernière halte à moitié chemin de leur calvaire.

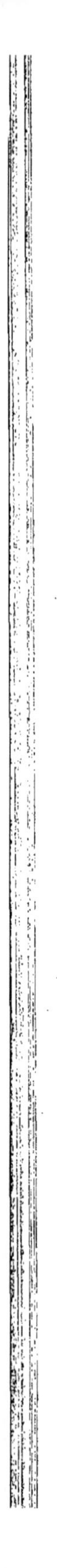

R. P. A. CLERC. S. J.

# MAZAS

 A prison de Mazas, sur le boulevard du même nom, est construite, on le sait, suivant le système cellulaire. A la porte de l'odieux séjour, le mouvement s'arrête et la vie elle-même s'éteint ; l'isolement y est complet, et les malheureux détenus sont enterrés vivants. Depuis le 13 avril jusqu'au 22 mai, nous n'aurons donc plus que la monotonie du secret. Et pourtant cette partie de notre recueil n'est pas seulement la plus longue, mais, à mon avis et sans comparaison, elle est la plus intime et la plus riche. Elle contient peu de faits, mais beaucoup de lettres, et ce sont nos reclus eux-

mêmes qui, sans pouvoir se donner le mot, nous ont écrit le journal de leur captivité. Après quelques jours seulement, des intelligences avaient été nouées et les communications se trouvèrent établies avec Mazas.

Le P. Ducoudray ouvre cette seconde série par une lettre en forme, dans laquelle il rend compte à son Supérieur de la situation et de ses dispositions personnelles.


« Mon Révérend et bien-aimé Père provincial.

*Pax Christi.*


« J'essaie de pénétrer jusqu'à vous... et si ce n'est pour vous parler *os ad os,* du moins pour vous donner signe de vie, et vous dire combien j'ai hâte de me rapprocher plus près de vous.

« Vous connaissez notre histoire et ses tristesses... Ici, je passe beaucoup de temps à prier, et un peu à souffrir. L'isolement, la séparation, les incertitudes, et surtout la privation de célébrer la sainte messe, même d'y assister, c'est bien cruel !

« Nulle communication possible *cum concaptivis meis*. Ils sont là, près de moi, dans le même corridor ; c'est tout ce que je sais.

« Voilà la part que la volonté de Dieu nous a faite. Pour nous, nous n'avons qu'à suivre le conseil de l'Apôtre : *In omnibus exhibeamus nosmetipsos, sicut Dei ministros, in multa patientia, in tribulationibus,... in carceribus, in seditionibus,... per gloriam et ignobilitatem, per infamiam et bonam famam* [1].

« Sentir de très-près l'*improperium Christi*, n'est-ce pas une grande grâce ?

« Priez et faites beaucoup prier... une petite place, s'il vous plaît, à chaque *memento* de vos messes, et alors *per orationes vestras spero me donari vobis*.

---

[1] Montrons-nous en toutes choses des ministres de Dieu, par une grande patience dans les tribulations... dans les prisons, dans les séditions... dans la gloire et dans l'ignominie, dans la mauvaise et la bonne réputation. (*II Cor.* VI, 4-8.)

« Sera-ce bientôt? Comme il plaira à Dieu.

« En union de vos saints sacrifices.

« *R⁤ᵃᵉ V⁤ᵃᵉ humillimus servus in X^{to} et addictis-simus filius.*

« L. Ducoudray. »

Le 17 avril, le P. Olivaint écrit à un de ses frères :

« Cher ami, j'ai reçu votre bonne lettre; elle m'a fait grand plaisir. Remerciez bien pour moi toutes les personnes qui s'intéressent à mon sort. Dites-leur bien que je ne me trouve pas du tout à plaindre : santé assez bonne; pas un moment d'ennui dans ma retraite que je continue, jusqu'au cou; je suis au treizième jour, en pleine Passion de Notre Seigneur, qui se montre bien bon pour ceux qui essaient de souffrir quelque chose avec lui. De plus en plus soyons à Dieu. Je ne sais rien de mes compagnons. Je compte sur les livres que je vous ai demandés. Amitiés à tous. A vous de cœur. »

Le 18 avril, Mazas compta deux hôtes de plus, le P. Yves Bazin et le frère coadjuteur

René Aurière. Au moment même où ils allaient s'évader de Paris, ils sont reconnus à la gare du Nord par le citoyen Le Moussu, commissare de police, et immédiatement arrêtés. Consignés d'abord à la salle d'asile de Montmartre, puis conduits à la Préfecture de police, pour y être interrogés, dès qu'il eut été constaté qu'ils habitaient au nº 35 de la rue de Sèvres, ils furent définitivement écroués à la prison de Mazas. J'ai dû les introduire ici l'un et l'autre, au moins les signaler dans mon récit, puisqu'ils ont eux aussi partagé la captivité de Mazas et même de la Roquette; mais comme j'ai déjà fait pour leurs frères emprisonnés, puis libérés à la Conciergerie, je suis heureux de pouvoir les écarter aussitôt. La Commune les avait aussi condamnés à mort, mais cette sentence ne fut pas confirmée par le Ciel, et la Providence elle-même raya leurs noms inscrits sur le rôle des victimes.

Nous avons du 19 avril deux billets du P. Olivaint.

« Merci de votre lettre, cher ami. Plusieurs de mes billets ont évidemment été perdus. Je n'ai reçu de vous à la Préfecture que la *Doctrine du P. Lallemand*, à laquelle on a joint une *Imitation*. Si vous avez envoyé d'autres livres, faites-les réclamer, car je n'ai rien reçu.

« Je n'ai pas entendu dire qu'il fût défendu ici de recevoir des livres du dehors. Si oui, je me soumets à cela comme à tout le reste : *voluntarie sacrificabo tibi;* si non, je compte sur vous.

« Je voudrais avoir une Bible latine, en assez gros caractères, le commentaire sur les psaumes de Bellarmin, notre petit *Thesaurus*.

« Nos gardiens sont très-honnêtes. Nous avons promenade tous les jours. Je n'ai pas un moment d'ennui : *pas si bête!* Quinzième jour de ma retraite.

« Quelques petites misères de santé, que j'aurais aussi bien ailleurs.

« *Ad majorem Dei gloriam.*

« Bien des choses à tous. — A vous de cœur. »

Le même jour le P. Olivaint mande à un autre :

« Vous n'avez donc pas reçu mes lettres ? j'espère que celle-ci arrivera heureusement jusqu'à vous. Je vous remercie du fond du cœur de votre charité pour les pauvres prisonniers. Voilà une œuvre que je n'avais pas bien comprise avant d'être en prison. Mais comme vous la pratiquez bien, je dirai presque trop bien!

« Non, le temps ne me paraît pas si long. Je poursuis ma retraite, sans me lasser. Je me garde bien de m'ennuyer avec le bon Dieu.

« En somme, santé bonne, et cœur content.

« Merci encore. Tout à vous. »

Le 20 avril, le P. Olivaint insiste pour avoir les livres qu'il a déjà demandés : « Puisse ce billet vous parvenir! Je vous en prie, envoyez-moi les livres. J'ai reçu aujourd'hui de nouvelles provisions : remerciez pour moi. Mais les livres me seraient bien agréables. Tout continue d'aller bien *in Domino.* »

Le P. Caubert faisait lui-même quelques demandes le 21 avril et y ajoutait ce bulletin : « Ma santé se soutient assez bien. Paix et confiance. »

Le 22 avril, le P. Olivaint avait reçu les livres tant désirés; il écrit d'une part : « Comme je vous remercie pour les livres que j'ai reçus hier! Mais la Bible n'est pas complète. Ce soir, en voulant préparer ma méditation, j'ai été tout attrapé. Les Prophètes manquent, ainsi que les Évangiles. Dès que vous pourrez, je me recommande à vous pour la suite.

« Rien de nouveau dans le pays que nous habitons. — Tout va bien *in Domino*. »

Il écrit d'autre part, toujours à ce propos :

« M. le directeur a eu la bonté de me faire remettre les livres. Je vous suis bien reconnaissant de me les avoir envoyés. Je vous remercie aussi des autres choses; mais en vérité c'est un peu trop, d'autant plus qu'il ne m'est pas permis, comme je le voudrais bien, d'envoyer quelque chose à d'autres malheureux, auxquels personne ne s'intéresse en ce monde.

« Croyez bien que j'irai très-simplement, et je saurai bien ou vous demander, ou me procurer ici ce dont je puis avoir besoin. Quoi qu'il arrive, je tiens à être debout. En somme, je vais vraiment bien de corps, et pour l'esprit, il me semble que je fais une retraite de bénédiction. *Deo gratias!*

« Dieu vous rendra ce que vous faites pour nous. »

Toujours à cette même date du 22, le P. Clerc écrivait aussi à son frère : « On entend nuit et jour gronder le canon, donc on se dispute les forts et nous faisons, après les Prussiens, le siége de Paris; mais les Prussiens en auraient eu pour longtemps encore à les prendre de vive force. J'en conclus, et tu vois que mes données ne sont pas nombreuses, j'en conclus néanmoins que le siége et ma détention peuvent ne pas finir demain. J'en ai bien pour quelques jours encore avec le livre que tu m'as donné, mais j'en voudrais un autre. »

Après avoir indiqué un certain nombre d'ouvrages de mathématiques, il ajoute : « Enfin si tu peux aussi me procurer la *Somme théologique* de saint Thomas, je serai pourvu pour longtemps.

« Pour les aliments et le linge, je ne manque de rien, et la charité de quelque bonne âme y pourvoit.

« Ne m'as-tu pas répondu ? ta réponse à ma dernière lettre ne m'a-t-elle pas été donnée ? je n'en sais rien. On parle de la clôture des couvents de religieuses : celle de Mazas n'est pas à dédaigner.

« Je te recommande surtout de ne te compromettre en rien pour moi ; ce que je te demande est de l'abondance et non pas du nécessaire. Ainsi ne va pas te faire incarcérer pour me venir en aide ; cela ne servirait à rien, et tu n'es pas dans les mêmes conditions que moi pour le prendre patiemment. »

Enfin le P. Caubert mandait à madame Lauras, sa sœur : « Ne prends pas la peine de venir ainsi tous les jours savoir de mes nouvelles, puisqu'on ne te permet pas de me voir. C'est une trop longue course pour toi ; une fois par semaine serait bien suffisante.

« Du reste ma santé se soutient assez bien, et je n'ai besoin de rien en ce moment. J'ai écrit à une excellente dame d'aller te voir, pour te consoler un peu par ses bonnes paroles. — Prière et confiance ! »

C'est au 23 avril que se rapporte un incident notable, au moins par sa rareté, dans l'histoire de Mazas. Le secret de la formidable oubliette fut soudain allégé pour un des reclus. On s'en souvient, sous le règne de la Commune il y avait autant d'anarchie que de tyrannie; les systèmes se supplantaient et les décrets se détruisaient à mesure que les personnages se dévoraient les uns les autres ; tantôt prévalait un parti relativement modéré, tantôt un parti plus violent, jusqu'à l'heure inévitable des forcenés, cette espèce d'hommes, me disait un soldat, *qui ont fini de bien faire.* Un intervalle de détente fut donc mis à profit.

Une personne dévouée, une mère reconnaissante de l'éducation donnée à ses fils, va trouver un membre de la Commune auquel elle a eu l'occasion de rendre service, et, en retour, elle demande seulement une grâce, un permis de visiter le P. Ducoudray au parloir de Mazas, avec cette clause expresse qu'elle pourra se faire accompagner par un second pour pénétrer dans la sombre demeure. Il en fut ainsi : la première entrevue eut lieu le 23 avril; d'autres se succédèrent le 27 et le 30 avril, le 1ᵉʳ et le 4 mai. Au delà toutes les tentatives restèrent inutiles : on entrait dans la période de la terreur. Mais si l'œil des geôliers ne le soupçonna point, on le devine déjà, le cavalier qui accompagnait l'obligeante visiteuse était, ni plus ni moins, un de nos Pères, du reste parfaitement déguisé. Je transcris la note qu'il m'a lui-même transmise : « J'ai eu le bonheur de voir le bon P. Ducoudray à Mazas. Il ne nous attendait pas et crut qu'on l'appelait pour l'interroger. Aussi fut-il bien surpris et tout ému. Nous étions séparés de lui par une grille dont les barreaux étaient assez espacés pour permettre de lui serrer la main. Cette visite ne dura que vingt minutes. Je lui donnai des nouvelles des nôtres. Il était préoccupé de son sort, mais parfaitement résigné à tout ce que Dieu voudrait de lui. Il nous disait qu'il était bon que la Compagnie eût sa part de souffrances. Il demanda des prières et me chargea de le recommander à nos amis. Ce qui lui pesait le plus, c'était l'inaction.

« A la seconde visite, qui dura une heure et quart, je l'ai confessé en latin. Il me demanda des livres. Il espérait encore, mais sans se faire illusion pourtant. Enfin j'ai toujours trouvé le P. Du-

coudray tel que je l'ai connu : un homme, et surtout un homme de Dieu. »

Le 24 avril, le P. Caubert console madame Lauras, sa sœur : « Je venais de t'écrire, lorsqu'on
m'a apporté ta lettre. Ne te préoccupe pas et ne
t'inquiète pas ; cela n'avance à rien. Aie plutôt
cette confiance qui fait du bien à l'âme. Tu aurais
besoin en ce moment d'entendre souvent quelques
bonnes paroles qui consolent, en donnant de la
confiance et de la force. »

Le 25 avril, un billet du P. Olivaint : « Merci de
votre infatigable charité ! Merci particulièrement
de la Bible complète ! Je vous serais bien reconnaissant de m'envoyer l'explication des psaumes
du P. Berthier, et le volume du même auteur sur
le Saint-Esprit. — Vingt et unième jour de la
retraite : je serai bientôt à la Pentecôte. Tout à
vous. — Bien portant et *Deo gratias*. »

Dans une lettre du même jour à son frère, le
P. Clerc, après avoir encore demandé des nouvelles de sa famille et quelques livres, ajoute :
« Je ne manque de rien, si ce n'est que le régime
de la prison ne comportant plus d'aumônier, nous

n'avons ni messe ni sacrements. Jamais, je crois bien, les prisonniers ne les ont tant désirés.

« Je prie le bon Dieu, j'étudie, je lis, j'écris un peu, et je trouve que le temps passe vite, même à Mazas.

« Il y a vraiment des pressentiments : je n'avais, je crois, jamais passé sur le chemin de fer de Vincennes sans regarder cette prison, et me dire que j'y serais peut-être un jour. J'ai, pendant qu'on la construisait, visité avec beaucoup de soin celle de la Santé, toujours avec la même préoccupation. Pour ne pas exagérer, je dois ajouter que j'imaginais que cela se ferait par le moyen régulier et officiel d'un monsieur Bonjean quelconque, magistrat des vieux Parlements, tandis que ce pauvre M. Bonjean trouve moins étonnant de se voir lui-même en prison que de s'y voir avec les jésuites. Oh! fortune! Je puis dire aussi : Oh! Commune, voilà de tes coups ! »

26 avril. — Je mets sous cette date tous les petits billets du P. de Bengy, dont la teneur du reste est toujours la même : « Merci mille fois. Je me porte à ravir et ne m'ennuie pas. J'ai déjà lu une

douzaine de volumes. Je ne sais absolument rien
d'ailleurs. Courage et confiance. »

Le 27 avril, le P. Olivaint répondait à un de ses
frères : « Je suis bien touché de votre lettre...
Nous ne manquons, grâce à Dieu, d'aucune chose
nécessaire, et, quant aux douceurs, celles d'en
haut valent bien celles d'en bas. Je suis au vingt-
troisième jour de ma retraite. Je n'aurais jamais
espéré que la retraite d'un mois me fût rendue,
et voilà que je touche au terme.

« Eh bien ! si à la fin du mois nous ne retrou-
vons pas la liberté, je poursuivrai encore ma retraite et je ne perdrai rien, j'espère de cette façon,
à la prolongation de l'épreuve.

« Vous le comprenez, nous n'avons pas ici de
nouvelles à donner. Et cet affreux canon qui
gronde sans cesse ; oh ! que cela me fait mal !
mais aussi que cela me porte à prier pour notre
pauvre pays ! S'il ne fallait que donner ma misé-
rable vie pour mettre un terme à cela, que j'aurais
vite fait mon sacrifice ! Bonne santé et joie du
cœur.

« Tout à vous avec plus d'affection que jamais :

je vous dois bien cela pour toutes vos bontés. »

28 avril. — Le P. Clerc à son frère : « A la bonne heure, voilà qui est écrire ! En deux mots, tu me renseignes sur ce qui m'intéresse le plus. Maintenant mon ignorance de ce qui se passe m'est beaucoup moins pénible.

« Ne fais plus de démarches pour me voir, je crains qu'elles ne t'attirent quelque désagrément et je n'en espère pas de résultat. Cette barrière s'ouvrira par une autre main que la tienne ; et si elle ne s'ouvre pas, nous saurons bien nous y résigner.

« Tu accepteras de bon cœur les compliments qu'on te fait pour moi. Je suis heureux et fier de souffrir quelque chose pour le nom que je porte. Tu sais assez que le coup ne m'a pas surpris, je n'ai pas voulu l'éviter, et je veux le supporter.

« Je n'espère pas la délivrance dont tu me parles, et je ne sais s'il faut craindre quelque chose de la peur, de la colère, du besoin de se compromettre encore davantage. Moins je suis maître de moi, plus je suis dans la main de Dieu; il arrivera ce qu'il voudra, et il me donnera de faire ce qu'il veut que je fasse. *Omnia possum in eo qui me confortat.* »

Le 29 avril, le P. Caubert nous initie à la vie de Mazas :

« Ma santé, jusqu'à présent, s'est bien maintenue. Du reste, j'ai tout ce qui m'est nécessaire et même au delà. En outre, le moral sert à fortifier le physique, en donnant du courage et des forces : or c'est ce qui m'arrive, car je me sens plein de confiance en Dieu, et très-heureux de faire sa volonté dans ce qu'il me demande actuellement.

« Du reste, le régime de la prison, malgré son côté austère et sévère, n'est pas en soi nuisible à la santé. On nous fait prendre l'air tous les jours pendant une heure, isolément et à notre tour. Les estomacs délicats peuvent se procurer les aliments dont ils ont besoin. Deux fois par semaine, on nous donne du bouillon et un morceau de bœuf. Il y a dans la maison de la propreté, de l'ordre, de la régularité. On a pour les prisonniers les égards qui paraissent convenables ; enfin il y a dans toute la maison un ensemble qui fait honneur au directeur, puisque tout dépend de

lui, et qui rend témoignage de sa sollicitude.
Tous les jours, on peut aller à la visite du médecin et du pharmacien. Il y a une bibliothèque ren-
fermant un assez grand nombre de livres très-va-
riés, et chacun peut en demander pour s'occuper.

« Quant aux détails du ménage, ce qu'on m'envoie est très-suffisant et je n'ai pas besoin d'autre
chose. Il faut d'ailleurs simplifier les choses, pour
ne pas encombrer ma cellule, où je dois mettre
tout un peu pêle-mêle. »

Vraiment le P. Caubert, aussi bien que ses
compagnons de captivité, voyait Mazas du beau
côté, parce qu'il le prenait en bonne part. Jamais
on ne les surprend à se plaindre de rien, ni de
personne : à les entendre, tout est bien, et tout
le monde est bon pour eux. Ils souffrent sans
doute, mais comme ils patientent, ils souffrent
moins que d'autres ; comme ils espèrent, ils
souffrent mieux ; enfin comme ils aiment Jésus
crucifié, ils jouissent bien plus qu'ils ne souffrent.
Le dirai-je pourtant ? Avant d'écrire ces lignes,
j'ai tenu à faire comme un pèlerinage fraternel,
en suivant l'itinéraire de nos martyrs. J'ai donc

commencé par Mazas, puisque la Conciergerie
a passé par le feu avec la Préfecture de police.
J'ai vu ces longues nefs à triple étage, à double
galerie, rayonnant autour d'un centre, où naguère
était une chapelle ; — ah ! si du moins la Commune avait eu l'humanité de laisser aux captifs le
divin prisonnier du tabernacle ! — et des deux
côtés, à tous les étages, toutes ces portes armées
de verroux et munies du guichet réglementaire ;
et ces étroites cellules, dont l'inventaire se fait en
un clin d'œil ; en face de l'entrée, la lucarne qui
mesure l'air et le jour, dans un angle le hamac,
vis-à-vis la petite table, avec l'espace suffisant
pour la chaise de paille ; au-dessus de la porte,
une planche en guise d'armoire ; un balai et
quelques pièces de grossière faïence complètent
le mobilier. Quant au fameux promenoir si
souvent mentionné dans nos lettres, qu'on se
figure de petits préaux triangulaires, fermés d'une
grille en avant et de murs sur les deux autres
faces, sans abri d'ailleurs, et sans autre siége
qu'un cube de pierre posé dans un coin : les détenus, pendant leur récréation solitaire, ne

peuvent entrevoir absolument personne, si ce n'est, sur le belvédère du milieu, le gardien qui les surveille.

Oh! mes frères, me suis-je dit, pour avoir été contents à Mazas, il faut que vous soyez de la race des martyrs !

Nous commençons le mois de mai, mais nous ne le finirons pas.

Le 1ᵉʳ, le P. Caubert ne nous donne qu'un mot : « J'ai terminé ma retraite hier. Je commence aujourd'hui le mois de Marie ; ce sera un repos pour mon âme, et un nouveau motif de confiance. Priez pour moi. »

Le P. Olivaint, de son côté, fait passer ces quelques lignes : « Je vous ai écrit vendredi ; ma lettre s'est donc perdue, joignons ce petit sacrifice aux autres. — Je vous demandais Glaire, le *Cours d'Écriture sainte ;* le P. Louis Dupont, le recueil de ses *Méditations...*; mais ne vous fatiguez pas à chercher : je saurai m'en passer, comme de tant d'autres choses. Qu'il fait bon de s'abandonner tout à Dieu ! Mais de lui on ne se passe pas. — J'admire de plus en plus, dans ma petite solitude, la bonté paternelle de Dieu.

« Je vous demandais encore gros fil ou petit cordon noir ou rouge, pour coudre des cahiers ; grosse, grosse aiguille, comme pour un aveugle.

« Merci encore et toujours! je vais toujours bien et toujours content. »

Le 3 mai, nous n'avons qu'un billet du P. Olivaint :

« Cher ami, bien reconnaissant de votre excellent billet d'hier. Je n'ai que de bonnes nouvelles à vous donner. La santé se soutient et je suis au vingt-septième jour de ma retraite. Que Notre Seigneur est bon! »

J'aime, je l'avoue, à conserver et à consigner ici tous les détails de cette suprême correspondance, si menus qu'ils puissent paraître. De grandes choses se révèlent quelquefois dans les plus petites. Voilà bien, ce semble, des hommes sérieux, et qui sont tout à leur affaire et jusqu'au bout uniquement occupés du divin service. Ils lisent et ils écrivent, comme s'ils avaient encore à vivre; ils travaillent au moins pour l'éternité. Que n'avons-nous ces cahiers, cousus avec le *gros fil* et la *grosse aiguille* du P. Olivaint! Mais la Commune nous a envié cet héritage; les geôliers affirment que tous les papiers des victimes ont été réduits en cendres.

La journée du 5 mai vit introduire dans le régime cellulaire de Mazas un changement sans conséquence, mais non sans intérêt; on permit aux prisonniers la lecture de quelques journaux autorisés par la Commune.

Nous avons plusieurs lettres de ce même jour.

Le P. Ducoudray écrit : « Oh! la bonne prière que nous lisons dans l'oraison du quatrième dimanche après Pâques :... *ut inter mundanas varietates, ibi nostra fixa sint corda, ubi vera sunt gaudia*[1]. Elle m'a nourri spirituellement avec douceur pendant toute cette semaine.

« Je suis encore plus pessimiste, paraît-il, que les plus pessimistes : ceux-ci, me disiez-vous, posaient la date du 20 comme dernier terme de la guerre civile. Je crains bien qu'il ne faille prolonger jusqu'au 30. Les opérations militaires vont

---

[1] Qu'au milieu des vicissitudes de la vie nos cœurs soient fixés là où sont les véritables joies.

lentement. La guerre au delà des remparts offre des difficultés : la guerre des rues aura les siennes, bien sanglantes hélas! D'après *le Siècle* et *la Vérité* que je lisais ce matin, tout paraît en désarroi et en tiraillements : changements de personnages, arrestations, etc.

« Je n'ai point été interrogé. Convenons de ceci. Si je devais être interrogé, ou plutôt dès que je l'aurai été, si je prévois que je doive être traduit en jugement, j'écrirai par commissionnaire de m'envoyer immédiatement M. X... que je prendrai pour avocat. Les choses en viendront-elles là? Non, si les événements militaires se précipitent.

« Combien je suis touché et reconnaissant! La charité pense à tout. Remerciez et faites prier. Ah! si nous pouvions bientôt remonter à l'autel! Voilà la privation à laquelle je ne pourrai jamais m'habituer!

« Nous touchons à la semaine des grands événements, ou du moins au commencement des grands événements..... Quel châtiment! Il était attendu. Le voici.

« Faites-moi toujours l'aumône d'un *memento*.

« A vingt-cinq pas de distance, j'ai pu deux fois saluer Alexis (P. Clerc). J'ai aperçu Anatole (P. de Bengy) *a longe*.

« Si nous pouvions dire la sainte messe le jour de la Pentecôte! »

A cette époque, le P. Ducoudray aura consommé son propre sacrifice!

On venait d'obtenir en faveur du P. Clerc l'autorisation accordée un peu auparavant pour le P. Ducoudray. Une personne amie avait pu le visiter et même amener avec elle M. Jules Clerc, le frère du prisonnier. Celui-ci exprime ainsi et acquitte sa reconnaissance :

« Ce n'est pas assez de vous avoir remerciée une fois, je vous dois trop, et je veux vous remercier encore.

« Je vous dirai, pour cela, la joie que m'a causée votre visite inattendue. Je vous croyais en province, et, pendant ce temps, vous reveniez à Paris; vous fourrant dans la gueule du loup, vous forciez la porte de cette impénétrable prison. Croyez bien que j'imagine ce que vous ont coûté les démarches qu'il a fallu faire, et puis tous les ennuis et toutes les fatigues de ces dérangements, de ces voyages multipliés de Versailles, de Paris, de Saint-Germain. Mais la charité, dit saint Paul, est *pleine de bénignité, elle ne se recherche pas, elle sait tout espérer et tout souffrir*. Aussi elle surmonte tous les obstacles. C'était donc vous qui deviez abaisser cette barrière inébranlable, malgré tous les efforts de mon frère pendant un mois; car c'est juste après un mois d'emprisonnement que j'ai eu la joie de vous voir. Cela convient : la charité, qui est meilleure, doit l'emporter sur l'amitié fraternelle. Mais quelle attention, et encore quelles peines! aller chercher et attendre mon frère, pour me l'amener avec vous!

« Voyez, comme Dieu justifie sa Providence dès ce monde, et si les horreurs de ces temps n'ont pas raison d'être, puisqu'elles amènent des dévouements si aimables et si délicats.

« Il faut que je vous dise encore, après ce mois d'une séparation absolue, tandis que j'entends sans cesse, nuit et jour, gronder le canon, quelle consolation c'est de voir ceux qu'on aime et d'apprendre des nouvelles d'un tel intérêt! De plus, toutes les nouvelles que vous m'avez données sont bonnes. Les coups qui nous ont frappés ne nous ont causé qu'un mal assez limité, nos colléges en seront à peine gênés, tandis qu'un petit nombre, souffrant pour le nom de Jésus, rendra les travaux des autres plus efficaces et plus fructueux.

« J'ai donc rapporté dans ma cellule un cœur bien joyeux. La mortification de la vie solitaire est peu de chose pour un religieux habitué au silence et à l'étude, et dont la vie se passe dans sa cellule religieuse. Mais l'ignorance sur de si grands intérêts est très-pénible, et toute la résignation possible à la volonté de Dieu ne peut ni ne doit nous y rendre indifférent.

« Comment donc faire pour vous témoigner quelque reconnaissance? Je veux continuer mon office auprès de vous, vous exciter à la fidélité à vos résolutions, et surtout à vous rapprocher toujours davantage de Notre Seigneur, non-seulement spirituellement, par la prière et la pratique de tous vos devoirs, ainsi que de vos œuvres de charité, mais encore de vous en rapprocher corporellement par la sainte communion. Ici pas de confession, pas de messe, même le dimanche. Nous sommes logés, nourris; c'est assez pour des animaux. Profitez des sacrements qui vous sont offerts.

« Sauriez-vous me dire pourquoi, nous qui sommes capables, et si facilement, de sentiments dévoués et affectueux, nous sommes froids à l'égard de Notre Seigneur? N'a-t-il pas le cœur le plus généreux, le plus délicat et le plus tendre? Il n'y a rien de bon en aucun homme, qui ne soit bien plus excellent en lui; il le faut aimer de toutes nos forces. »

Enfin le P. Olivaint envoie ce bulletin toujours à la date du 5 mai:

« J'espère que ce mot vous parviendra. Comme je vous remercie de toutes vos bontés, je mets ma reconnaissance à compter tout à fait sur vous. J'en suis bien sûr, vous voulez de mes nouvelles avec quelques détails. Je me croirais ingrat envers vous, si je ne vous disais rien. Les rhumatismes sont revenus, mais je suis resté maître, et il n'en est plus question.

Ma bronchite n'a pas reparu. Je tousse le matin, mais très-peu. Je ne me sens pas la poitrine fatiguée.

« Mais passons à un autre sujet. Je suis au trente-et-unième jour de ma retraite. Pour me reposer un peu, je n'ai fait aujourd'hui que trois méditations. Ah! si je pouvais, au spirituel, avoir cette ardeur du généreux Basque qui a fait le livre des Exercices! Toutefois je bénis Dieu.

« Je garde vos livres de l'autre jour : vous avez eu la main heureuse.

« Tâchez de me procurer : 1° la *Théologie dogmatique* du P. Schouppe : 2° quelque chose de sainte Thérèse.

« Je pense que plusieurs des nôtres sont dans la même division que moi. Mais nous n'avons aucun rapport. C'est la solitude complète.

« Nos surveillants sont très-honnêtes et très-bons. Ils nous remettent avec beaucoup de complaisance les petits soulagements que l'on nous apporte. Le plus dur, c'est d'être sans nouvelles de tous ceux auxquels on s'intéresse.

Mais il y a au troisième livre de l'*Imitation* un chapitre dix-septième qui me fait rentrer dans l'abandon de plus en plus....»

Au 6 mai, je rapporte cet extrait du P. Clerc : « Je n'ai à souffrir de rien, excepté de l'ignorance de ce qui se passe. J'ai des livres, et le temps disparaît presque aussi vite qu'ailleurs, entre la prière, la lecture et l'étude ; pour le linge et les aliments, la charité ne nous laisse manquer de rien. Qu'on ne s'inquiète de moi nulle part.

« J'ai entendu parler de propositions d'échange entre certaines personnes. *Absit!* Je ne veux pas. Je patiente très-bien, et le ferai tant qu'il faudra. Mais il y tant de raisons pour refuser un échange ! Oh! non.

« Dites à la main charitable qui nous nourrit, de moins me prodiguer ses bienfaits. C'est flatteur pour elle, quoique honteux pour moi : *j'engraisse!* Pourrai-je sortir de ma cellule, quand viendra l'heure de la délivrance ? Ma cellule, oh! horreur! est-elle une mue ? Enfin je n'ai pas besoin de tant de choses. »

Le 7 mai, nous avons ces mots du P. Olivaint : « Je continue d'aller bien. Je poursuis ma retraite. Je deviens Chartreux. De cœur à tous.... »

Et ces lignes du P. Ducoudray: « Je passe mon temps à beaucoup prier, un peu à souffrir ; car la privation de la sainte messe, l'isolement, la séparation sont choses cruelles; puis je ne vois pas la fin. Nous sommes ici en qualité d'otages, nom qui laisse peser sur notre situation un vague indéfini et des attentes indéterminées. Bref, nous sommes entre des mains qui feront de nous ce qu'elles voudront, d'après les circonstances. Priez et faites beaucoup prier. D'après mon appréciation, il me semble que la situation peut se prolonger encore trois, quatre semaines; que les choses ne sont pas en train de s'améliorer. C'est une vraie guerre civile avec toutes ses horreurs.

« Vous savez comme j'estime vos appréciations; donnez-les moi, sans rien dissimuler sur notre situation propre et sur la situation générale. Mille choses à tous, à la ville comme à la cam-

pagne. Souvenir bien affectueux au D<sup>r</sup> M. J'espère
que de notre séjour ici, il en sera comme des
chaînes de saint Paul : *ad profectum venerunt
Evangelii ita ut vincula mea manifesta fierent
in Christo* [1]. Quand je fus transféré de la
Conciergerie à Mazas, je méditais de bon cœur:
*cum sceleratis reputatus est* [2].

« Vous devinez combien je pense à vous,
combien je vis de cœur avec vous. Donnez-moi
chaque jour place au *memento* de votre messe. »

Le 8 mai, on promulguait à Mazas un nouvel
arrêté, émané de la Commune, qui supprimait
le parloir, jusqu'à nouvel ordre, pour tous les
prêtres otages, et le maintenait seulement pour
les détenus politiques laïques. Le citoyen Garreau venait d'être nommé directeur de Mazas;
c'était son don de joyeux avénement. Cette
mesure inopinée fut pour le P. Ducoudray l'occasion du plus grand de tous les sacrifices ; on
le comprendra sans peine, quand on saura que

---

[1] Elles ont servi au progrès de l'Évangile, en sorte que mes liens ont été célèbres par Jésus-Christ. (*Philip.* i, 12, 13.)

[2] Il a été mis au rang des criminels. (Isaïe, liii, 12.)

ce jour-là même il attendait la visite promise de Notre Seigneur en personne. Encore sous le coup, il écrit : « Quel sacrifice ! j'ai offert à Notre Seigneur cette dure épreuve, hier incomparablement plus pénible que jamais, à raison du précieux gage d'amour du divin Maître. J'essaie de faire de mon pauvre cœur un autel sur lequel je sacrifie. J'ajoutais hier nouvel aliment au sacrifice. N'est-ce pas le meilleur usage que je puisse en faire ? »

Cependant, ce même jour, le P. Ducoudray, tout plein de ses regrets, d'ailleurs sérieux sans doute et ferme comme un homme, mais vrai et simple comme un enfant, avait besoin d'épancher son cœur. Il adresse à un de ses frères une lettre si intime, qu'il l'appelle « un compte de conscience ».

Ah ! frère de mon âme, divulguer vos secrets, à cette heure, ce n'est plus vous trahir, mais seulement glorifier en vous le Dieu qui vous a donné sa grâce, et, j'espère, sa gloire.

« Voici, dit-il d'abord, mon petit règlement de chaque jour : cinq heures, lever, puis balayage, nettoyage.... Six heures, oraison, que je prolonge d'ordinaire jusqu'à sept heures et demie ou huit heures. Huit heures, matines et laudes, prime et tierce. Huit heures trois quarts, un chapelet. Neuf heures, déjeuner, matines et laudes de l'office de la sainte Vierge. Dix heures, pendant une demi-heure, j'assiste, en esprit et en union, à la sainte messe qui se célèbre à cette heure, et je fais un quart d'heure d'action de grâces. Onze heures trois quarts, examen. Midi, deuxième chapelet, que je récite toujours pour notre chère communauté. Puis lecture des journaux. Vers deux heures, je lis, ou je travaille en prenant des notes jusqu'à quatre heures. Ajoutez qu'entre neuf heures et quatre heures, d'une manière très-variable, vient s'intercaler une heure où l'on nous conduit au promenoir, espace grand comme la moitié de notre salle de récréation, où l'on se meut seul entre deux murs. Quatre heures, j'achève les petites heures, je récite vêpres et complies du grand office et de l'office de la sainte Vierge. Cinq heures, je dîne et fais

mon petit ménage. Six heures, lecture spirituelle
et un peu d'exercice dans ma cellule longue de
cinq à six mètres et large de deux. Sept heures,
un peu de journal. Sept heures et demie, prépa-
ration de l'oraison. Sept heures trois quarts,
examen. Huit heures, troisième chapelet, qui
complète le Rosaire. Huit heures un quart, li-
tanies. Huit heures et demie, je dresse mon
hamac et je fais mon lit. Huit heures trois quarts,
coucher. Voilà la journée. »

Vraiment dans cet ordre du jour, il y a peu de
place laissé à la fantaisie, c'est la prière en per-
manence, et il me semble que les murs de Mazas
se seront étonnés de l'ascétisme de ces hôtes si
nouveaux pour eux.

Mais voici une autre confidence encore plus
précieuse, parce qu'elle est aussi plus intime. Le
P. Ducoudray nous introduit jusque dans son
cœur. Eh bien ! là, il ne s'en cache point, il y
avait quelquefois de la souffrance, pour qu'il y
eût toujours de la patience. On aura beau dire
et beau faire, la prison sera toujours la prison,
et Mazas ressemblera plus à un Calvaire qu'à

un Paradis. Après tout, le chrétien n'est pas un stoïcien, et le martyr lui-même éprouve les faiblesses de la chair, pour les surmonter par la vigueur de l'esprit.

« Ce pauvre cœur ! écrit-il, il serait bien tenté de s'échapper quelquefois et de bondir. L'imagination se mettrait volontiers de la partie. Tous les deux ne se laissent pas dominer par la raison autant que je le voudrais. De là, à certaines heures, certains accès ou trépignements d'ennui, des souffrances de l'âme qui la jettent dans la langueur, le découragement, l'inquiétude et le dégoût. *Magnum est et valde magnum, tam humano quam divino posse carere solatio, et pro honore Dei, libenter exilium cordis velle sustinere* [1]. Ce sont là des choses qui ne se comprennent que quand elles se sentent. J'avais eu la bonne idée de mettre dans ma poche, en quittant la maison, un petit livre contenant le *Novum Testamentum* et l'*Imitation*. J'ai beaucoup lu saint Paul : quel grand et admirable cœur ! La lecture bien sentie

[1] C'est une grande, une très-grande vertu que de savoir se passer de toute consolation tant humaine que divine, et de soutenir volontiers pour la gloire de Dieu l'exil du cœur (*Imit.* l. II, c. ix).

dilate l'âme ; puis il a été *in laboribus plurimis, in carceribus abundantius*[1], comme il l'écrit lui-même. Et moi, qui ne suis encore qu'à *carcere uno*, je me vanterais de souffrir quelque chose ! Mais si nous sommes de ceux dont il est écrit : *Eritis odio omnibus propter nomen meum*[2], que nos tribulations sont encore mesquines, comparées à celles du grand Apôtre ! »

Pendant ce temps-là, le P. Caubert était si consolé qu'il avait encore de quoi consoler les autres : « Vous me demandez quelques bonnes paroles qui relèvent l'âme. Je souhaite que le bon Dieu vous donne les dispositions qu'il m'accorde en ce moment. Je vis au jour le jour, sans inquiétude, plein de confiance, très-heureux d'accomplir ce que Dieu me demande, avec un abandon complet entre ses mains pour l'avenir, et disposé à ne rien lui refuser. Je me remets souvent devant les yeux ma vocation, qui est de prier et de souffrir pour le salut des âmes, et j'im-

---

[1] Plus que personne dans les travaux et surtout dans les prisons (*II Cor.*, xi, 23).

[2] Vous serez en butte à la haine de tout le monde à cause de mon nom (Matth., x, 22).

plore les bénédictions de Dieu sur Paris et sur la France. »

Le 9 mai, deux billets du P. Olivaint, d'abord à un de ses frères : « Bien cher ami, écrivez-moi souvent ; c'est une vraie consolation pour moi. Je vous demanderai maintenant un Gury, *Théologie morale*, et Darras, la petite *Histoire de l'Église.*

« Santé bonne, et la retraite va bien toujours ; c'est assez vous dire que je n'engendre pas mélancolie. *Fiat !* »

De plus, il mande à une autre adresse : « Ne vous inquiétez pas pour les aliments chauds. J'ai quelquefois fait apporter du chaud par le commissionnaire, mais le froid ne me fait pas mal. C'est étonnant comme on se façonne à tout ! Dites-vous bien qu'après tout je ne suis guère à plaindre. Je reçois bien plus qu'il ne me faut. Toutefois j'ai une grande consolation, c'est, quand j'ai trop, d'envoyer quelque chose à ces malheureux auxquels personne ne s'intéresse. Si je pouvais donc aussi facilement les aider à trouver la vie de l'âme ! »

Enfin, sous la même date du 9 mai, je trouve cette lettre du P. Caubert : « Je ne sais trop pourquoi je me suis trouvé amené à vous parler de la tranquillité et de la confiance que Dieu m'accorde dans sa bonté. Je pense que c'était pour vous rassurer un peu sur mon compte, en vous montrant que Dieu est toujours avec ses serviteurs au milieu de l'épreuve, afin de les fortifier. Mais le soutien intérieur est un don de Dieu, et cela n'empêche pas la nature de sentir quelquefois qu'elle aimerait mieux ne pas se trouver entre quatre murs. Aussi ces défaillances servent à me faire mieux comprendre que mon courage n'est pas de moi, et que je dois en remercier Dieu, l'auteur de tout don et de tout bien. Ce qui sert beaucoup à relever l'âme dans les épreuves, c'est de penser souvent à l'amour de Dieu pour nous : que de témoignages on en trouve quand on rentre en soi-même ! C'est aussi d'avoir confiance dans l'action de la Providence divine, qui est toujours miséricordieuse, malgré ses rigueurs apparentes. Car Dieu, qui est notre père et qui nous aime, se propose toujours, dans toutes nos épreuves, le bien de nos âmes, c'est-à-dire de nous guérir, de nous perfectionner et de nous faire arriver au bonheur du ciel. Quand on est pénétré par la foi de cette vérité, on ne se trouble plus d'aucune épreuve, on espère contre toute espérance, et on s'efforce de persévérer dans la prière, qui obtient la patience et l'abandon filial entre les mains de Dieu. Je tâche de me pénétrer de ces vérités qui dilatent l'âme et nourrissent la confiance, au milieu de toutes les circonstances, quelles qu'elles soient. La providence de Dieu est si admirable, elle emploie des ressorts si inattendus, si opposés en apparence à ce qu'on désire! Quand tout semble perdu, c'est alors que Dieu se montre, afin que nous ne comptions que sur lui seul. Qui n'en a pas fait l'expérience, au milieu de ces épreuves, souvent si pénibles et si prolongées, dont la vie est remplie! Priez pour moi! »

10 mai. — Je réunis sous cette seule et même date toutes les lettres que le P. de Bengy adressait alors à sa famille, à madame la comtesse de Foucauld, sa sœur, à madame la comtesse de Monsaulnin, sa tante, et enfin à sa digne et véné-

rable mère. Content et confiant, sans peur ni reproche, il ne sait que répéter : « Je me porte à
merveille ; je n'ai pas, depuis le 3 avril, éprouvé
la moindre douleur physique. Je suis aussi bien
traité que possible et ne m'ennuie pas. Je suis
très-habitué au pain de la prison et dors parfaitement dans mon hamac. Je suis, me semble-t-il,
calme et résigné. »

Le 11 mai, le P. Caubert rend compte de la
visite qu'il vient de recevoir du ministre plénipo-
tentiaire des États-Unis : « Il paraît, dit-il, que je
lui ai été recommandé par une personne de sa
connaissance. Il est venu savoir très-cordiale-
ment, en vrai Américain, comment je me portais
et si j'avais besoin de quelque chose. »

Le 12 mai, le P. Olivaint écrit : « Aujourd'hui
un mois que je suis à Mazas ! Ah ! certes, je n'a-
vais pas prévu que j'y viendrais jamais. Après
tout, quand on y vit avec Dieu, on peut se trouver
bien même à Mazas.

« J'ai reçu votre lettre et aussi vos provisions :
merci encore, encore et encore ! Mais remarquez
bien : *petits pots et petites boîtes plutôt que*

*grandes boîtes et grands pots.* — Je ne suis pas en peine de m'occuper. — Trente-huitième jour de ma retraite. J'aurai donc aussi mes quarante jours au désert, et mieux que cela. Mais le jeûne manque et vous ne pouvez pas vous flatter d'avoir imité les anges, vous qui venez si vite me secourir. Que Notre-Seigneur ne vous laisse pas non plus languir, et qu'il vous donne bien vite au dedans la force et la vie. Courage et confiance, toujours et quand même... ma vieille devise, toujours nouvelle. »

Je dois ici, et je crois pouvoir maintenant expliquer un passage énigmatique de cette lettre : c'est cette préférence singulière du P. Olivaint pour les *petites boîtes* et les *petits pots.*

Eh bien ! sous ce règne de la liberté, où Dieu lui-même et Dieu surtout ne pouvait passer qu'à l'ombre du mystère, c'était ni plus ni moins la formule convenue pour désigner la sainte Eucharistie. Nos captifs de Mazas étaient affamés du *Pain des forts ;* mais il fallait les préparatifs les plus délicats, des précautions infinies, pour garantir la transmission fidèle et sûre au travers des formalités de la surveillance. Enfin, que ne peut pas la prudence industrieuse de la charité? Encore un peu, nous allons trouver Jésus à Mazas.

Le P. Caubert écrivait aussi le même jour : « Je suis très-reconnaissant des prières que l'on a la charité de faire pour moi. C'est à elles que j'attribue les dispositions où je me trouve, au milieu de l'épreuve à laquelle il a plu à Dieu de me soumettre. Je sens mon âme se ranimer, quand je pense que je ne suis pas seul à prier, à souffrir et à m'offrir à Notre Seigneur. J'aime à me sentir appuyé par les prières et les mérites des autres. Je rappelle à mon souvenir la pensée de ceux auxquels la charité de Notre Seigneur m'unit d'une manière plus intime. Je les cherche au ciel et sur la terre, et ce souvenir de tous les amis du cœur de Notre Seigneur me remplit de consolation et me donne la confiance que mes prières seront exaucées.

« Les méditations de ce mois sont aussi bien propres à élever l'âme et à la fortifier. En étudiant le cœur de la sainte Vierge, on ne voit en elle qu'oubli entier d'elle-même, amour pur de Dieu et générosité dans le sacrifice, pour accomplir en toutes choses la volonté de Dieu ; et alors, comme par un attrait spécial de la grâce attachée à cette étude de la vie intérieure de la sainte Vierge, l'âme se sent comme entraînée, suavement et fortement, à vouloir pratiquer les mêmes vertus, afin de plaire à Dieu et de le glorifier. Je me suis proposé cette étude pour ce mois-ci, cela m'occupe utilement, et cela m'aide encore pour recommander souvent à la sainte Vierge Paris et la France.

« Priez pour moi, afin que le courage se maintienne ; car c'est un don qu'il faut demander à Dieu. »

Le 13 mai, nous avons quelques bonnes paroles du P. Caubert : d'abord il est content dans sa cellule : « Elle est au midi, bien éclairée ; je ne puis apercevoir que le ciel, mais c'est quelque chose quand on a l'habitude d'élever son âme vers Dieu. Un prisonnier est bien à plaindre quand il n'a pas la foi, ni l'habitude de prier ; il doit bien souffrir de son isolement ! Mais avec la foi, quelle différence ! l'âme n'est plus seule, elle peut s'entretenir avec Dieu, notre Père du ciel, avec Notre Seigneur, son sauveur et son ami, avec les anges, ses frères. Dans ses moments de défaillance (car chacun a les siens) l'âme se ranime et se fortifie par la prière, et elle ne tarde pas à retrouver, par le secours de la bonté de Dieu, la force, la consolation et la confiance. »

De plus il espère bien de l'avenir : « J'ai la conviction, écrit-il, que l'on verra bientôt tous les cœurs s'entendre et s'unir dans un même esprit de concorde et de charité. Sans doute ce sera un grand bonheur pour tous. Mais aussi nous avons besoin de demander avec instance cette grâce à Dieu : car ce changement admirable dépend surtout de sa miséricorde infinie et de sa toute-puissance. Dieu n'est-il pas le maître des cœurs et notre père à tous ?

« J'avoue que dans ma cellule de prisonnier cette pensée me soutient et me console, et m'aide à supporter plus d'un ennui. Du reste, le bon Dieu me donne, avec une grande tranquillité d'âme, la confiance la plus entière en lui, un abandon filial entre ses mains et le courage pour accomplir sa volonté dans la situation où je me trouve. »

Tels étaient encore les sentiments du P. Caubert lorsque, la semaine suivante, il reçut la visite de M. Rousse, bâtonnier de l'ordre des avocats, auquel la famille de notre confrère n'était pas inconnue et qui s'était chargé de grand cœur de présenter sa défense à la barre de la Commune. Ils se virent dans le parloir des avocats ; le P. Caubert était en habits bourgeois ; il avait la barbe et les moustaches entières, et cet accoutrement insolite, joint à son extérieur chétif, fit hésiter tout d'abord son visiteur, qui ne le connaissait pas personnellement. M. Rousse a consigné, dans des notes que nous avons sous les yeux, les impressions qu'il a rapportées de cette entrevue : « Je me nommai. Nous échangeâmes nos souvenirs. Sans nous connaître nous étions en pays ami. Nous parlâmes de son père, qui avait été un de mes anciens quand je vins au barreau, de son frère le colonel, qui a été mon camarade de collége à Saint-Louis. Puis, spontanément, sans qu'il me fît aucune question sur sa position, je lui dis comme aux autres

(Mgr l'archevêque de Paris et M. Deguerry) ce que je savais et ce que j'espérais. Il m'écoutait avec l'indifférence la plus sincère, souriant toujours et ayant l'air de penser : A quoi bon tout cela ? Enfin il me dit : « Je vous remercie beaucoup de ce que vous faites. Il en sera ce qu'il plaira à Dieu. S'ils veulent nous tuer, ils en sont les maîtres. » Et, s'éloignant tout de suite de lui et de ce qui le regardait : « C'est une bien grande épreuve pour le pays, me dit-il, et qui le sauvera. » Comme je lui exprimais mes doutes à cet égard : « Quant à moi, me dit-il avec le plus grand calme, je ne doute pas, je suis sûr, je crois fermement que la France sortira de là régénérée, plus chrétienne et par conséquent plus forte qu'elle n'a jamais été. »

M. Rousse termine sa relation en ces termes : « Au bout d'une demi-heure, un peu moins peut-être, je me levai un peu gêné et ne trouvant pas grand'chose à dire à un homme si fermement trempé et dont le courage me semblait si fort au-dessus du mien. »

Le 14 mai, voici un souvenir du P. Olivaint :

« Un mot pour faire droit à votre aimable ré-
clamation. — Merci encore, je dois toujours
commencer par là. Sachez bien que je n'oublie
pas mes amis; comme j'ai plus de temps, je
prie pour eux davantage.

« Voilà pourtant six dimanches passés à
l'ombre. Que de jours sans monter à l'autel! ah!
quand on est privé d'un bien, comme on en sent
mieux encore le prix!

« Je reste toujours au rez-de-chaussée. Je ne
manquerais pas de réclamer auprès du médecin,
M. de Beauvais, si vraiment j'avais besoin d'un
changement pour ma santé. Autrement j'aime
mieux prendre les choses comme la Providence
les a faites, et si je réclame quelque chose, c'est
que je croirai suivre les indications de la Providence elle-même. Il me semble que j'entends
Notre-Seigneur me dire : Laisse-moi faire de toi
tout ce que je voudrai. *Amen!* »

15 mai. — Au milieu du mois consacré à
Marie, enfin se lève un beau jour, journée de
grâce et de joie, qui en présageait une autre désormais prochaine de sacrifice et de gloire. Les

13

captifs de Mazas ne cessaient de redire au ciel et à la terre: *Veni, Domine Jesu !* Ah ! venez donc, Seigneur Jésus. *Etiam, venio cito !* Oui, fut-il répondu, voilà que je viens. En effet, tout à coup les portes s'ouvrirent, les prisonniers ne sortirent point, mais Jésus entra.

Cependant dans la matinée de ce jour béni, le Désiré n'avait point encore paru.

Le P. Clerc écrivait avec son allégresse ordinaire : « Votre petit mot me fait grande consolation et grande joie; je vous suis bien reconnaissant et vous prie de me continuer, comme vous saurez le faire, ce bon secours. Vous m'en faites espérer de plus grands, à la bonne heure ! Dieu est si bon pour nous !

« Je continue à faire des mathématiques et à préparer mon cours, et quand on a fait ses exercices de piété, la journée a disparu. J'entrevois un rayon de lumière et j'espère de meilleurs temps pour notre malheureuse patrie. Je suis, pour le présent, toujours content d'être en prison : ainsi soyez rassuré sur moi. — Que Dieu vous bénisse pour votre charité ! Mes compliments et mes souhaits affectueux pour tous nos amis en Notre Seigneur.

« Oh ! que la séparation fait sentir où le cœur a mis son amour ! »

Le P. Olivaint, de son côté, envoyait au P. Lefebvre, resté portier et gardien de la maison de la rue de Sèvres, ce message plein de désirs : « Votre lettre m'a été remise, rassurez-vous donc. Que je remercie M. le directeur d'avoir laissé passer cette lettre ! Et que je vous remercie, vous, si tristes qu'elles soient, de me donner des nouvelles ! Elles ont cet avantage, en m'arrivant, quand elles sont si tristes, de m'exciter à prier encore plus, à m'offrir encore mieux à Dieu pendant les jours de cette réclusion bénie.

« Quelle Providence que vous ayez pu rester là-bas ! Comme il est manifeste pour moi que le Seigneur a tout conduit ! — Me voilà au quarante et unième jour de ma retraite. A partir d'aujourd'hui je ne vais plus méditer que sur l'Eucharistie. N'est-ce pas le meilleur moyen de me consoler de ne pouvoir monter à l'autel ? Si j'étais petit oiseau, j'irais tous les matins entendre la messe quelque part et je reviendrais après volontiers dans ma cage.

« Dites à tous bien des choses de ma part. Un mot surtout à Armand. Comme je pense à lui ! Il souffre plus que moi, j'en suis bien sûr, et son ami aussi. »

Vers le milieu du jour seulement arrivaient à Mazas les petits pots et les petites boîtes si longtemps attendus. C'est tout dire. Il y en avait pour les PP. Olivaint, Ducoudray et Clerc ; mais point, hélas ! cette fois, pour les PP. Caubert et de Bengy ; on n'avait point encore su lier la partie de leur côté. Chacun des trois privilégiés recevait pour sa part quatre saintes hosties, et chacun d'eux devait conserver et porter sur sa poitrine, comme sur un autel vivant, *le Dieu de son cœur et son partage pour l'éternité.* — Les prisonniers avaient été prévenus de l'ingénieuse et audacieuse tentative et devaient aussitôt avertir du succès.

Le P. Olivaint se hâte d'envoyer dans la soirée du 15 mai ce petit mot d'avis :

« Je n'attendais plus rien aujourd'hui. Ma surprise, et je dirai ma consolation, n'en a été que plus grande. Merci donc encore ! Un gros, un énorme merci !

« Je me suis occupé longtemps du Saint-Esprit, dans ma retraite ; je vais maintenant méditer sur l'Eucharistie. »

La joie du 15 mai ne pouvait être sans lendemain. Le 16 mai, ce n'est à Mazas qu'un cri de reconnaissance. Le P. Clerc mande à un de ses frères :

« Mon cher ami,

« Présumant l'inquiétude presque anxieuse où l'on est de l'envoi qui nous a été fait ce matin, j'ai fait tout ce que j'ai pu pour vous en tirer. J'ai écrit à ce sujet à mon frère une lettre qui est partie déjà, je crois. Toutefois je doute que mon frère soit à Paris, et aussi qu'il comprenne bien l'importance de la commission que je lui donne, l'ayant fait en mots à double sens. Aussi je prépare à tout événement ce petit mot pour vous.

« Tout est arrivé en parfait état, et tout était

disposé avec une industrie et une adresse admirables. J'aime mieux laisser à votre piété de se retracer ma joie que d'essayer de le faire par ma plume ; mais je crois bien pouvoir dire que je défie tous les événements. Il n'y a plus de prison, il n'y a plus de solitude, et j'ai confiance que si Notre Seigneur permet aux méchants de satisfaire toute leur haine et de prévaloir pendant quelques heures, il prévaudra sur eux en ce moment-là même et glorifiera son nom par le plus faible et le plus vil instrument.

« Bénissons Dieu de toutes nos forces, parce que ses bienfaits sur nous sont redoublés. Adieu. *Pax et osculum in Christo*[1]. »

ALEXIS CHRISTOPHE[2] CLERC, S. J. —

« *P. S.* J'ai été touché en disant Vêpres, portant Notre Seigneur sur mon cœur, de l'oraison du bon Paschal Baylon[3]. Oh ! qu'il aurait su

---

[1] Je vous souhaite la paix et vous embrasse en Notre Seigneur.
[2] On sait que ce nom signifie *Porte-Christ*.
[3] Voici cette oraison : « *Deus, qui beatum Paschalem, Confessorem « tuum, mirifica erga Corporis et Sanguinis tui sacra mysteria dilec- « tione decorasti: concede propitius ut quam ille ex hoc divino convivio*

autrement apprécier et reconnaître la grande
grâce que Notre Seigneur fait à son indigne serviteur !

« Je n'ai reçu, aujourd'hui vendredi, que les
aliments du corps, et du linge ; je serai obligé de
fractionner ma dernière hostie. »


Mais voici du même jour, et encore pour le
même objet, la dernière lettre du P. Clerc, et
vraiment son *Nunc dimittis*.

« Ah ! mon Dieu, que vous êtes bon ! et qu'il
est vrai que la miséricorde de votre cœur ne
sera jamais démentie !

« Et nous, que de remercîments, que d'ac-
tions de grâces ne vous devons-nous pas ! Après
avoir mille et mille fois répété l'expression de
mon impérissable reconnaissance, et vous avoir
offert à un titre nouveau les faibles services d'un
cœur cependant sincère et dévoué, il me restera

---

« *spiritus percepit pinguedinem, eamdem et nos percipere mereamur.* »
— « Seigneur, vous qui avez doué votre bienheureux confesseur Paschal
d'un admirable amour envers les sacrés mystères de votre Corps et de
votre Sang, daignez nous accorder la grâce que notre âme aussi bien que la
sienne se fortifie et s'engraisse à ce divin banquet. » (*Breviar. roman.*,
17 *mai.*)

de souhaiter que le don que vous me faites vous soit toujours fait à vous-même, et surtout aux jours des épreuves.

« Je n'avais pas osé concevoir l'espérance d'un tel bien ! posséder Notre Seigneur, l'avoir pour compagnon de ma captivité, le porter sur mon cœur et reposer sur le sien, comme il l'a permis à son bien-aimé Jean. Oui, c'est trop pour moi, et ma pensée ne s'y arrêtait pas. Et cependant cela est. Mais n'est-il pas vrai que tous les hommes et tous les saints ensemble n'auraient non plus jamais osé concevoir l'Eucharistie ? Oh ! qu'il est bon, qu'il est compatissant, qu'il est prévenant, le Dieu de l'Eucharistie !

« Ne semble-t-il pas nous faire encore ce reproche : *Vous ne demandez rien en mon nom; demandez donc et vous recevrez?* Je l'ai sans l'avoir demandé; je l'ai et je ne l'abandonnerai plus, et mon désir de l'avoir, éteint faute d'espoir, est ranimé et ne fera que grandir à mesure que durera la possession.

« Ah! prison, chère prison, toi dont j'ai brisé les murs en disant : *bona crux!* quel bien tu me vaux ! Tu n'es plus une prison, tu es une chapelle. Tu ne m'es plus même une solitude, puisque je n'y suis pas seul, et que mon Seigneur et mon Roi, mon Maître et mon Dieu y demeure avec moi. Ce n'est plus seulement par la pensée que je m'approche de lui, ce n'est plus seulement par la grâce qu'il s'approche de moi ; mais il est réellement et corporellement venu trouver et consoler le pauvre prisonnier. Il veut lui tenir compagnie ; il le veut, et ne le peut-il pas, puisqu'il est tout-puissant ? Mais aussi que de merveilles pour venir à bout d'un tel dessein ! Et vous entrez dans ces merveilles de la tendresse du cœur de Jésus pour son indigne serviteur.

« Oh ! dure toujours, ma prison, qui me vaux de porter mon Seigneur sur mon cœur, non pas comme un signe, mais comme la réalité de mon union avec lui ! Dans les premiers jours, j'ai demandé avec une grande instance que Notre Seigneur m'appelât à un plus excellent témoignage de son nom. Les plus mauvais jours ne sont pa encore passés : au contraire ils s'approchent, et il s seront si mauvais que la bonté de Dieu devra les abréger; mais enfin nous y touchons. J'avais l'espérance que Dieu me donnerait la force de bien mourir; aujourd'hui mon espérance est devenue une vraie et solide confiance. Il me semble que je peux tout en celui qui me fortifie et qui m'accompagnera jusqu'à la mort. Le voudra-t-il? Ce que je sais, c'est que, s'il ne le veut pas, j'en aurai un regret que la seule soumission à sa volonté pourra calmer.

« Mais s'il le veut, comme vous aurez eu une grande part à ce bienfait de la force qu'il m'aura prêtée! »

Le P. Ducoudray nous donne aussi sa dernière lettre : il finit, l'*alleluia* dans le cœur et le *fiat* sur les lèvres :

« J'ai *tout* reçu. Mardi, quelle surprise! quelle joie!... Je ne suis plus seul, j'ai Notre Seigneur pour hôte dans ma petite cellule... Et c'est vrai, *credo!* Mercredi, je me suis cru au jour de ma première communion et je me suis surpris fondant en larmes. Depuis quarante-cinq jours j'étais privé d'un si riche bien, de mon seul trésor!

« Je me renferme dans le cénacle, et je voudrais bien, après ces dix jours qui nous séparent de la Pentecôte, revoir la lumière du ciel. D'ici là, que d'événements peuvent surgir! Nous touchons au bas-fond de la crise; mais, si elle se prolonge, nous pouvons craindre des abominations. Je ne puis m'empêcher parfois d'être très-impressionné de me trouver lié à des circonstances si graves. Mais ici nous faisons une bonne retraite qui nous facilitera l'entrée de l'éternité. Dès le premier jour de mon arrivée ici, je me suis tenu prêt à tous les sacrifices : car j'en ai la douce et forte confiance, si Dieu fait de nous, prêtres et religieux, des otages et des victimes, c'est bien *in odium fidei, in odium nominis Christi Jesu* [1].

« Prions, prions beaucoup, disposé à vivre s'il plaît à Dieu, à mourir s'il plaît à Dieu, en bon fils de notre bienheureux Père S. Ignace. »

Heureuse la plume qui s'est brisée après ces dernières lignes!

17 mai. — Désormais il nous reste peu de jours

---

[1] En haine de la foi, en haine du nom de Jésus-Christ.

et peu de lettres. Nos correspondants de Mazas vont nous manquer.

Cependant le P. Caubert, frustré naguère des largesses divines, écrit encore :

« Il faut bien reconnaître que c'est vraiment Dieu qui nous donne le courage de nos épreuves : autrement le courage s'userait bien vite. Pour moi, j'ai besoin de recourir souvent à la prière pour renouveler le mien, comme on fait pour une mauvaise horloge qu'il faut remonter souvent. Dans une vie inoccupée, isolée, séquestrée, l'ennui arrive vite. On se fait bien un règlement, mais on ne peut pas toujours lire ou prier. Pendant ma retraite que j'ai fait durer trois semaines, je n'avais pas beaucoup le temps de m'en apercevoir; mais depuis, je ne suis plus soutenu par la même dose d'oraison. Vous comprenez que dans cette vie monotone, pour peu que le bon Dieu cache sa présence (ce qui est habituel, afin de rendre l'é-preuve plus grande), on doit sentir souvent les défaillances de la nature. Mais c'est précisément le sentiment de cette faiblesse qui nous ramène sans cesse vers Dieu. Le bon Dieu est admirable

dans sa manière de soutenir l'âme par ses défaillances mêmes. Notre faiblesse est comme un lien
qui nous rattache à sa force et comme un attrait
qui nous appelle à sa bonté infinie.

« Vous me dites que je dois souffrir. C'est un
peu vrai; mais si on n'avait rien à souffrir, le bon
Dieu n'y trouverait pas son compte. Il désire faire
miséricorde à tous; mais il veut qu'on lui offre,
dans ce but, quelques souffrances endurées par
amour pour lui. Hélas! si on n'était pas captif,
peut-être (je parle pour moi) on oublierait trop facilement que la charité nous demande d'avoir
compassion des pauvres pécheurs et d'offrir
quelques sacrifices à leur intention. Et puis le
prêtre n'est-il pas l'ami de Dieu, et, à ce titre, ne
doit-il pas se dévouer, pour obtenir la réconcilia-
tion de ses frères avec Dieu, le père de tous, père
si plein de bonté et si porté à l'indulgence, quand
surtout il se voit comme importuné par la prière
d'un ami? Unissons-nous donc dans la prière
pour faire cette sainte violence à Dieu, surtout
dans ce mois où la sainte Vierge se charge de
présenter nos prières à son fils Notre Seigneur

Jésus-Christ et nous provoque ainsi à une confiance sans bornes. »

18 mai. — Nous n'avons plus que quelques mots rapides de la plume du P. Olivaint, mais ils ont bien son cachet : c'est le même caractère et le même cœur jusqu'à la fin. On lui avait demandé l'heure de ses repas : « A midi, mon petit dîner, répond-il ; à sept heures, mon petit souper : c'est-à-dire que j'ai gardé mon règlement de communauté ; je m'en trouve mieux pour ma retraite, et je continue par là encore mieux de vivre en religieux quand même... »

Le 18 mai était la fête de l'Ascension : « Excellente fête, malgré les verrous ! rien ne peut empêcher le cœur d'aller au ciel. »

Puis viennent deux billets, l'un adressé au P. Lefebvre, l'autre au P. Chauveau.

« Merci encore, écrit-il au P. Lefebvre. Par vos petites lettres je vis de loin avec vous. Par le sentiment de la famille, je lis entre vos lignes bien des choses que vous ne pensez probablement pas à me dire, et cela me fait du bien au cœur.

« Quels déplorables événements! Comme je comprends les âmes fatiguées d'autrefois qui fuyaient au désert! Mais il vaut mieux rester au milieu des difficultés et des périls, pour sauver tant de malheureux du naufrage.

« Ma santé est toujours bonne, et, après quarante-six jours, je ne suis pas encore las de ma retraite; bien au contraire. »

Enfin nous allons rester sur ces dernières paroles adressées au P. Chauveau : « Merci de cœur. Oui, nous touchons au dénoûment. A la grâce de Dieu! tâchons d'être prêts à tout. Confiance et prière! Que Notre Seigneur est bon! Si vous saviez comme, depuis quelques jours surtout, ma petite cellule me devient douce! *Forsan et hæc olim meminisse juvabit.* Qui sait si je ne la regretterai pas un jour ? Je pense bien comme vous qu'Eugène [1] n'aura pas à intervenir; mais enfin si, par la faveur de M. Urbain et consorts, j'avais besoin de secours, je demanderais Eugène. En tout cas, remerciez-le pour moi.

[1] M. le comte Eugène de Germiny.

« Tendres souvenirs à Armand; bien des choses à tous; bénédictions à nos amis et bienfaiteurs! Je crois que tous les nôtres ici vont bien. Pour moi je me soutiens parfaitement. Encore une fois, que Notre Seigneur est bon! — A vous de cœur... — 19 mai 71. »

Oh! mon frère, après cette parole, vous pouvez cesser d'écrire.

Comme les autres, le P. Caubert, en finissant, incline la tête : « Je ne pense guère à compter le temps de ma captivité. Je préfère remettre tout cela entre les mains de Dieu, et lui abandonner le soin de tout ce qui me concerne. Il sait mieux que moi ce qui est le plus utile pour mon âme. Je tâche de me rappeler souvent qu'on le glorifie d'autant plus qu'on souffre davantage pour son amour et pour accomplir sa sainte volonté. En effet, en se soumettant à l'épreuve, on pratique d'une manière excellente l'anéantissement de soi-même. N'est-ce pas la meilleure manière de lui prouver notre amour, en reconnaissant par là son souverain domaine sur sa créature? N'est-ce pas aussi par le sacrifice

de soi-même qu'on imite mieux Notre Seigneur ?
Il est vrai que mon âme n'en est pas encore à cette
perfection et à un amour aussi pur et aussi dé-
taché de tout; mais il faut passer par les épreuves
pour arriver à cette union avec Dieu. C'est lui
qui les envoie dans sa bonté, pour purifier l'âme
et pour briser les obstacles qui s'opposent à cette
union. Priez pour que je retire ce profit de mon
épreuve actuelle.

« On trouvera quelque part un très-petit crucifix indulgencié, qui sert pour faire le chemin
de la croix. Prière de me l'envoyer. »

Le P. Caubert obtint plus qu'il n'avait demandé.
Ce n'était pas par la simple méditation qu'il allait suivre son Maître dans la voie douloureuse.
L'heure suprême était proche. Les événements
se précipitaient tout à coup. Le 20 mai, l'enceinte
de Paris était battue en brèche ; dès le 21 elle était
ouverte et forcée, et la France rentrait chez elle
en reprenant sa capitale. Dans cette extrémité (à
peine eût-on osé craindre ces dernières horreurs),
la Commune fut capable de réaliser ce qu'elle
avait été digne de concevoir : poussée par un

instinct satanique, non pour se défendre, mais pour se venger, elle se noya dans des flots de sang et s'ensevelit elle-même sous des monceaux de cendres.

Le lundi 22 mai, l'ordre est donné de procéder sur l'heure et sur place à l'exécution de tous les otages renfermés à Mazas. Les prisonniers purent au moins soupçonner le fatal arrêt, encore secret pour eux. A l'instant tout parut s'assombrir de plus en plus dans la lugubre demeure : les gardiens allaient et venaient, échangeaient entre eux de mystérieuses paroles, répondaient aux questions des condamnés par de menaçantes allusions ou par un silence affecté, plus significatif encore. Cependant il y eut un dernier répit : le directeur, par un sentiment d'humanité, ou par un calcul de prudence, osa représenter à l'impérieuse Commune qu'une exécution dans une maison de simple prévention serait un fait contraire à tous les précédents et à toutes les formes. En conséquence, il fut ordonné de surseoir et de transférer tous les prévenus de Mazas à la prison des condamnés à mort, à la Roquette.

Mais, avant de nous joindre au lugubre cortége, nous avons à raconter une dernière scène, transition bénie entre la captivité et le supplice.

Quel contraste, mais quel à-propos ! Précisément ce jour-là la Providence avait inspiré la charité, et de mystérieux apprêts s'achevaient à l'autre extrémité de la capitale. Bientôt, vers midi, deux femmes, faibles et intrépides, s'acheminent, à travers les vastes quartiers déserts, droit à Mazas. Et que portent-elles ? Le Dieu des martyrs. Cette fois, toutes les mesures avaient été prises, la répartition fut complète : chacun de nos prisonniers recevait quatre saintes hosties, enveloppées d'un corporal, comme d'un linceul, dûment renfermées dans une petite boîte, avec le sachet de soie muni d'un cordon pour être porté au cou. En venant à pareille heure, le Seigneur Jésus semblait redire à ses serviteurs sa parole d'autrefois : « *Iterum venio et accipiam vos ad meipsum* [1]. Je reviens, non plus pour demeurer avec vous, mais pour vous emmener avec

[1] Joan. xiv, 3.

moi. » Quant à nos captifs, ils n'ont pu nous écrire, cette fois, pour nous témoigner leur reconnaissance; mais je les entends encore s'écrier avec le P. Olivaint : « Que Notre Seigneur est bon ! »

R. P. A. DE BENGY, S. J.

# LA ROQUETTE



## LES EXÉCUTIONS

E mardi 23 mai, un geôlier de Mazas nous faisait passer un billet ainsi conçu : « Avec un grand regret je vous remets vos lettres, parce que ces messieurs ne sont plus à Mazas. Ils sont à la Roquette depuis hier soir à neuf heures. A mon arrivée, j'ai eu le grand malheur d'apprendre cette mauvaise nouvelle. Depuis mon enfance, je n'avais pas pleuré, mais j'ai pleuré aujourd'hui. Malgré ça, j'ai été un peu consolé de voir que M. Ducoudray m'avait envoyé un bonjour par un camarade. »

Presque tous les otages furent donc transférés

15..

à la Roquette, conformément aux ordres de la Commune, le lundi 22, assez tard dans la soirée; quelques-uns cependant ne purent l'être que le lendemain : la mesure étant si soudaine, les charrettes ne suffirent pas au nombre des victimes. Il y eut sans doute pour les prisonniers, qui depuis si longtemps n'avaient pas encore vu et ne connaissaient même pas tous leurs compagnons d'infortune, un instant de douce surprise et d'attendrissement, quand, descendus de leurs cellules respectives et réunis au greffe, ils vinrent à se compter et à se reconnaître : des prêtres, des religieux, des laïques se pressaient autour de l'archevêque de Paris.

Le trajet fut long et douloureux. Les prisonniers, au nombre d'une quarantaine, étaient entassés dans des fourgons de factage appartenant au chemin de fer de Lyon, sur de simples banquettes de bois placées en travers, exposés à tous les regards, à toutes les injures. On eut à traverser ces quartiers populeux du faubourg Saint-Antoine et de la Bastille, où l'insurrection était encore maîtresse. Le convoi marchait au pas, entre deux haies d'hommes armés, poursuivi par les grossières menaces d'une multitude affolée. « Hélas ! Monseigneur, dit un prêtre en se penchant vers l'archevêque, voilà donc votre peuple ! »

La prison de la Roquette est, on le sait, partagée par la rue du même nom en deux divisions complétement distinctes. Sur la gauche, en allant de la Bastille au cimetière du Père-Lachaise, sont les jeunes détenus ; et sur la droite, les condamnés. C'est à cette dernière classe que devaient appartenir les nouveaux venus.

Il faisait nuit quand nos prisonniers arrivèrent à leur troisième et dernière station. Immédiatement, sans aucune autre formalité, rassemblés dans un vestibule qui sert de palier au grand escalier de la maison, ils sont tous appelés par leur nom ; aussitôt un brigadier, la lanterne à la main, les introduit dans un long corridor du premier étage : à mesure qu'ils défilent dans l'ordre où ils ont été nommés, une porte s'ouvre et se referme sur chaque captif. L'obscurité était profonde ; chacun dut palper les murailles de son réduit et chercher sa couchette à tâtons.

Mais il est bon de le rappeler, dans plusieurs cellules, il y avait cette présence réelle de Jésus, d'où rayonnent la lumière et la paix.

Le 23 mai, premier jour passé à la Roquette, devait d'abord être aussi le dernier. La Commune en détresse avait hâte d'en finir avec ses victimes. Il fut enjoint d'exécuter immédiatement tous les prisonniers arrivés la veille. Le directeur, assez peu jaloux d'une pareille commission, éluda l'ordre, sous prétexte d'un défaut de forme, et gagna du moins quelques heures.

Cependant, le jour à peine venu, les nouveaux hôtes de la Roquette eurent bientôt pris connaissance de leur domicile de la nuit. L'inspection en était facile. Je décrirai ce que j'ai vu.

Dans les très-petites cellules, en fait de mobilier, il y a un lit, et quel lit ! Sur des ais grossiers, une paillasse et une couverture ; plus rien d'ailleurs, pas de table, pas même une chaise. On le devine au premier coup d'œil, ici on ne demeure pas, on ne fait que passer, le condamné attend son heure. Et cependant la Roquette vaut bien mieux que Mazas ; au moins c'est une prison humaine,

les cellules ne sont pas des tombeaux, et si on y
est enfermé, on n'y est pas enterré. Au lieu des
correspondances du dehors, il y a des conversations au dedans : or, quand la bouche parle, le
cœur respire et vit. D'abord chaque cellule, d'un
côté du moins, n'est séparée de la cellule voisine
que par une mince cloison, qui partage également
en deux la fenêtre commune : et ce n'est plus seulement, comme à Mazas, une lucarne hors d'atteinte, mais une vraie fenêtre à hauteur d'appui.
Là, au premier signal donné, les deux voisins s'a-
vancent, se rencontrent tête à tête, et peuvent,
sans contrôle, échanger des confidences et même
une confession. De plus, le règlement de la maison
admet les récréations communes. Si le temps est
beau, on fait descendre les prisonniers par un
escalier tournant, à l'extrémité du corridor, dans
le premier chemin de ronde ; quand il fait mauvais, ils se promènent dans le corridor de leur
étage respectif, ou même ils se retirent dans les
cellules qui demeurent ouvertes. Encore une fois,
dans cette maison de mort, il y a de la vie, parce
qu'il y a de la société.

Maintenant, après cette rapide description des lieux, ne dois-je pas accréditer le récit des derniers faits par l'autorité des témoignages ? Sans doute je n'ai moi-même rien vu; mais la Providence, en sauvant plusieurs des otages de la Roquette, nous a réservé des témoins, et c'est avec une double reconnaissance que je citerai M. Bayle, vicaire général capitulaire de Paris, M. Petit, secrétaire de l'Archevêché, M. Perny, du séminaire des Missions étrangères, M. Amodru, du clergé de Notre-Dame des Victoires, et le P. Bazin, de la Compagnie de Jésus.

Qu'on me pardonne, d'ailleurs, si je continue de séparer dans mon récit des victimes confondues désormais dans un commun sacrifice. Ne puis-je pas, constant avec moi-même, garder jusqu'au bout l'unité de mon plan ? Je l'affirme, je n'estime pas les uns plus que les autres; seulement ceux-ci sont mes frères, je les connais, je les aime mieux. Qu'ils soient les derniers de tous, j'y consens et je m'en contente: ils seront à bon droit les premiers dans mon cœur.

Vers six heures du matin, on avait, selon l'u-

sage, donné le signal du lever; mais nos prisonniers avaient bien devancé cette heure pour eux
trop tardive, et après l'oraison, entr'ouvrant leur
petit tabernacle portatif, avaient déjà goûté le Pain
des forts. La journée du 23 mai s'annonçait splen-
dide; le ciel paraissait en fête, et la terre était en
deuil; on entendait le fracas toujours plus proche
de la bataille, et l'on voyait la fumée des grands
incendies allumés pendant la nuit. Paris était à
feu et à sang.

De huit à neuf heures avait lieu la première récréation de la journée, pendant que les gens de
service faisaient le ménage des pauvres cellules.
Un trait commun durant ces intervalles de relâche
et de fusion, c'était la sérénité d'un commerce intime : les cœurs se touchent bien vite dans la communauté de la foi et de l'épreuve; on retrouvait
d'anciennes connaissances, et l'on en faisait de nouvelles; on se consolait et surtout on se confessait.
Ici les détails se perdent un peu dans l'ensemble.
Cependant voici quelques particularités. « J'ai vu
tous vos Pères et je leur ai parlé, m'écrit un des
prisonniers échappés de la Roquette; je les ai ad-

mirés : ils étaient tous calmes et souriants au soir de leur vie comme à l'aurore d'un beau jour; le P. de Bengy n'avait rien perdu de son sang-froid et de sa gaieté; le P. Caubert, de son recueillement suave et modeste; le P. Clerc, de sa généreuse allégresse; le P. Ducoudray, de sa virilité simple et digne; le P. Olivaint, de sa vive énergie et de sa paix radieuse. »

Cependant on remarqua bientôt un singulier rapprochement entre le P. Clerc et le président Bonjean. On le devine, de la part du P. Clerc il y avait à la fois une conquête à faire et une dette à payer. Est-ce qu'on connaît une autre vengeance dans la Compagnie de Jésus ?

Pour un tout autre motif, dans un sentiment de vénération compatissante, le P. Olivaint paraissait s'attacher surtout à la personne de Mgr l'archevêque de Paris. Quelquefois l'infortuné prélat, affaibli par les privations et par la souffrance, restait à moitié étendu sur son grabat; le P. Olivaint s'asseyait à ses pieds, et ensemble ils parlaient du passé et du présent; pouvaient-ils encore parler de l'avenir ? Dès le premier jour, les vivres commen-

cèrent à manquer à la Roquette; le pain même se
faisait rare. Sans doute la bataille des rues, qui ga-
gnait toujours du terrain, empêchait le ravitaillement régulier. Le P. Olivaint prenait dans les petites provisions qui lui restaient encore et apportait au Pontife défaillant un peu de pain d'épices et
de chocolat en tablettes; et ainsi il était donné à
un pauvre religieux de faire la charité à un archevêque de Paris; mais il put promettre bien plus et
bien mieux pour le lendemain, car il était riche
d'un tout autre trésor.

En effet, dans la journée mémorable du 24 mai,
que de mystérieuses agapes! D'abord le P. Olivaint apporta la sainte Eucharistie à Mgr l'Archevêque, dont on ne saurait dire la pieuse reconnaissance. A son exemple, nos Pères, si heureux
naguère de recevoir leur quatre saintes hosties,
ne le furent pas moins de les distribuer, et tous les
prêtres, au moins du même quartier, ne partirent
point sans viatique.

Le zèle des âmes occupait encore ces suprêmes
instants. Tous les otages laïques renfermés dans
ce corridor se sont convertis et confessés. Voici

16

la déposition de M. Bonjean lui-même. A la récréation du jour, qui se prenait à l'ordinaire dans
le premier chemin de ronde, l'Archevêque, fatigué
d'avoir marché longtemps, comme il n'y avait
nulle part où s'asseoir, s'appuya contre la rampe
du petit escalier tournant qui mène au corridor
du premier. Un de ses vicaires généraux et M. Bonjean vinrent à lui ; ce dernier était radieux :
« Monseigneur, dit-il aussitôt, j'ai dit bien du mal
des jésuites et je les ai persécutés, ou du moins
poursuivis, selon mon pouvoir. Eh bien! ils ont
fini par me convertir, et le P. Clerc vient d'entendre ma confession. »

Au moment d'en venir au sacrifice, recueil-
lons de la bouche du P. Ducoudray cette parole
pleine d'immortelle espérance : « Si nous sommes
fusillés, dit-il à un des otages qui ont survécu, le
purgatoire ne sera pas long. »

La Commune, en désarroi et en déroute, re-
tranchée alors dans la mairie du onzième arrondissement, n'avait plus de force que pour le
crime ; hélas! elle en avait trop encore! Frus-
trée la veille, et de plus en plus désespérant du

lendemain, elle ordonne d'urgence aujourd'hui l'exécution en masse de tous les otages de la Roquette. A six heures du soir, à titre de représailles, plus de soixante prisonniers doivent être passés par les armes. A cette injonction extrême de désespérés qui n'ont plus rien à perdre, le greffier de la prison trouve encore moyen d'incidenter, sur le fond cette fois plutôt que sur la forme. On parlemente, et après quelques allées et venues entre la Roquette et la mairie du onzième arrondissement, la Commune consent à décimer seulement la soixantaine, à la condition expresse de désigner elle-même ses victimes préférées. A tout prix, elle veut des prêtres, ces hommes qui gênent le monde depuis dix-huit cents ans ; et par une association étrange, M. le président Bonjean est porté sur la liste. Près de deux heures se passèrent dans ces redoutables négociations.

Il était donc environ huit heures du soir. Tous les prisonniers se trouvaient dans leurs cellules, les portes fermées, et il n'y avait plus à l'intérieur de conversations qu'avec le Ciel. Tout à coup on entend dans le lointain un bruit confus, de plus en plus distinct ; des voix d'hommes et d'enfants, des clameurs et des rires encore plus féroces se mêlent aux cliquetis des armes. C'était en effet les exécuteurs des hautes œuvres : pour six victimes, pas moins d'une cinquantaine de bourreaux : Vengeurs de la République et Garibaldiens, soldats de toutes armes et gardes nationaux de tout costume, y compris ces enfants terribles qu'on nomme les gamins de Paris. A leur tête marchait un homme blond, moustaches en brosse. « Citoyens, dit-il en s'adressant à sa troupe, vous savez combien il en manque des nôtres, six. Fusillez-en six ! » Le détachement pénètre dans ce corridor du premier, quatrième division, où se trouvent nos chers captifs, le parcourt dans toute sa longueur, et va se ranger à l'extrémité opposée, au haut de ce petit escalier tournant qui conduit au chemin de ronde. Au passage, chaque détenu avait reçu d'avance, par son guichet entr'ouvert, une insulte et une sentence de mort.

Alors un personnage, faisant l'office de héraut, d'une voix retentissante, somme les prisonniers de se tenir prêts et que chacun ait à répondre à l'appel de son nom. Cela dit, la liste fatale à la main, il proclame aussitôt, avec la même qualification pour tous, et suivant l'ordre numérique des cellules, les six condamnés de la Commune. A mesure qu'un nom a été prononcé, une porte s'ouvre et une victime se livre. M. Bonjean, M. Deguerry, M. Clerc, M. Ducoudray, M. Allard et M. Darboy ont été successivement appelés. Tous sont présents, tout est donc prêt, le défilé commence. Mgr l'Archevêque et ses compagnons, précédés et suivis de l'affreuse escorte, passent et descendent un à un par l'escalier étroit et sombre, et au bas se trouvent dans ce même chemin de ronde où tout à l'heure ils prenaient encore leur récréation.

Les voilà donc enfin à la merci d'une impiété sauvage et de la plus brutale insolence. Un des officiers de cette ignoble troupe dut même intervenir, et, compatissant à sa manière : « Camarades, s'écria-t-il, nous avons mieux à faire que de les injurier, c'est de les fusiller. C'est le mandat de la Commune. »

Tel était l'arbitraire et le désarroi de ces temps, que le lieu de l'exécution n'avait pas même été fixé. Toute place était bonne pour verser du sang. On fut donc au moment d'opérer à l'endroit même. Mais on avisa que c'était bien près de la prison, sous les fenêtres mêmes des prisonniers ; il y aurait là trop de témoins pour le crime. En effet de toutes ces fenêtres, à tous les étages, l'œil plonge dans le premier chemin de ronde, et les prisonniers restés dans leurs cellules assistaient d'en haut à cette scène de mort, entendaient tout, voyaient tout. Il fut décidé qu'on passerait dans le second chemin de ronde, où l'on serait à l'abri de deux hautes murailles. On se met en mouvement ; un brigadier ouvre la marche, derrière lui s'avancent ceux qui vont mourir, ainsi groupés : Mgr l'archevêque de Paris donne le bras à M. Bonjean ; le P. Ducoudray et le P. Clerc accompagnent et soutiennent de chaque côté le vénérable curé de la Madeleine, chargé de ses quatre-vingts ans; vient enfin M. l'abbé Allard ; puis, à l'entour et derrière, les hommes et les enfants armés, dans une espèce de désordre. Durant ce parcours, à une fenêtre du premier, un des prisonniers agita son mouchoir en signe d'adieu ; le P. Ducoudray se retourna vers lui et le salua du geste. On le vit ensuite entr'ouvrir le haut de sa soutane, porter la main à sa poitrine, se recueillir, prendre dans le sachet suspendu à son cou le viatique pour la vie éternelle ; et, Jésus dans le cœur, il allait cacher sa vie dans le sein de Dieu.

A l'extrémité du premier chemin de ronde, il y eut un arrêt obligé, il fallut forcer la porte qui introduit dans le second. A partir de cet endroit, les victimes disparurent, et il ne resta plus que des témoins qui ne viendront pas déposer : les exécuteurs eux-mêmes. On sait seulement qu'on eut encore à parcourir ce second chemin de ronde dans toute sa longueur, en sens inverse du premier, jusqu'à l'angle sud-est. On rapporte aussi que le généreux P. Alexis Clerc, qui avait tant désiré rendre au nom de Jésus le plus excellent témoignage, celui du sang, ouvrit sa soutane et présenta son cœur pour accueillir la mort. On voit enfin, par les traces profondes des balles égarées, que les victimes ont dû être rangées sur une ligne , au pied de la haute muraille d'enceinte.

Cependant, dans les cellules de la prison, quelle anxieuse attente ! A deux genoux, on priait, on écoutait, respirant à peine. On entendit un feu de peleton, puis quelques coups détachés, des cris de « Vive la Commune ! » C'en était fait, il n'y avait plus de victimes, mais des martyrs !

La nuit, commencée dans les angoisses, se passa dans les alarmes. De vives alertes se succédaient. Sous le règne de la Commune, le meurtre n'allait point sans la rapine. L'exécution une fois achevée, une poignée d'assassins, sous la conduite de quelques gardiens, revient au corridor du premier, pénètre dans les six cellules vacantes, et enlève tout ce que les victimes y ont laissé.

Un geôlier, ayant trouvé au n° 7, occupé par le P. Ducoudray, des papiers qui lui paraissent sans valeur, vient à l'heure même les remettre entre les mains du P. Olivaint. Celui-ci, à cette vue, s'écrie vivement : « Un crime ! » — « Prenez

garde et taisez-vous ! » répond l'autre, et il referme aussitôt la porte à gros verrous.

Vers le milieu de la nuit, il se fit un grand bruit
autour des prisonniers. Était-ce une nouvelle tentative d'invasion ? Mais bientôt les grilles, aux
extrémités du corridor, et les portes de toutes
les avenues se refermèrent avec fracas, et l'on
distingua ces paroles prononcées d'un ton de
maître : « Si l'on revient encore, je défends d'ouvrir. » C'était seulement partie remise.

Un peu plus tard enfin, il y eut un sourd roule-
ment, le long du second chemin de ronde. On
enlevait les six dépouilles sanglantes. Les corps
jetés, plutôt que posés, sur une petite voiture à
bras, arrivèrent vers trois heures du matin au
cimetière du Père-Lachaise; et là, sans cercueils,
sans cérémonie aucune, ils furent enfouis pêle-
mêle dans la fosse commune, à l'extrémité d'une
longue tranchée ouverte à l'angle sud-est du cimetière, tout à fait contre le mur d'enceinte.

La journée du 25 mai, et désormais la vie à
la Roquette, ne pouvait plus être qu'une lente
agonie. Chacun ne devait-il pas se dire pour son

compte : « Je meurs à toute heure du jour et de la nuit ? » Cependant la Commune se trouvait déjà presque cernée dans sa mairie du onzième arrondissement par l'armée libératrice, et ses messages de mort perçaient avec peine le cercle de fer et de feu. Un seul otage laïque fut enlevé dans la matinée et ne revint pas. En revanche, il faudra demain une hécatombe.

Dans l'attente de cette heure suprême, nos prédestinés à la mort conservèrent un calme et une sérénité inaltérables, indices du vrai courage et de la paix intime de leurs âmes. En voici quelques traits qui me paraissent caractéristiques.

M. l'abbé Petit, secrétaire de l'archevêché de Paris, voisin de cellule du P. Caubert, me raconte que, dans ces derniers moments, entre la vie et la mort, il frappait de temps en temps un petit coup sur la cloison qui les séparait; c'était le signal convenu. Le P. Caubert venait aussitôt à la fenêtre, et, selon une belle et douce locution de la sainte Écriture, *il parlait la paix*, mais si bien qu'il la donnait. Bientôt, non content de parler, il se prit à chanter : « Tenez! dit-il, pour nous

donner du cœur, mettons-nous à chanter le Sacré-
Cœur ; » et ayant passé à M. Petit un pieux can-
tique du P. Lefebvre, ils chantèrent à deux voix
et d'un même cœur cette strophe de circonstance :

> Accordez-nous,
> Seigneur, à tous,
> Cette grâce incomparable
> De bien finir,
> De bien mourir
> Sur votre cœur adorable.

On dit que le P. de Bengy ne croyait pas au
massacre des otages. Voici néanmoins la preuve
qu'il s'y préparait. Durant les quatre jours qu'il
passa à la Roquette, s'entretenant avec un de ses
compagnons : « Je croyais autrefois, lui dit-il, être
parvenu, dans mes retraites, à ce degré d'indifférence que nous demande saint Ignace, par rapport
à la vie et à la mort. Mais j'ai reconnu, à Mazas,
que je n'y étais pas encore ; et il m'a fallu plusieurs
jours de méditation et de prière pour y arriver.
Maintenant, grâce à Dieu, je crois en être venu à
bout. » Et peu après, la veille peut-être de l'exécution : « Dieu soit béni ! dit-il encore au même

confident; je crois n'être plus seulement dans l'indifférence par rapport à la vie ou à la mort; et il me semble que je préférerais mourir, si Dieu m'en laissait le choix. »

Dans une conversation avec M. l'abbé Delmas, raconte M. l'abbé Amodru, le P. de Bengy exprimait ainsi l'état de son âme :

« J'ai déjà fait mon *acceptation indifférente;* comme saint Martin, j'ai dit à Dieu : Voulez-vous que je vienne à vous? me voici! Différez-vous cette heure? *non recuso laborem*, je ne refuse pas le travail. — J'ai là toute une théorie, ajoutait-il avec un sourire qui illuminait sa belle figure. Dieu aime qu'on lui donne avec un cœur joyeux; et, comme il n'y a pas de don plus considérable que celui de la vie, il faut le rendre parfait en le faisant avec joie. »

« Le jeudi à midi, écrit M. l'abbé Lamazou, on nous permet une récréation commune dans la même cour que la veille. Les visages sont plus tristes, mais les cœurs sont aussi fermes. Les laïques témoignent aux ecclésiastiques une cordiale sympathie et montrent la même sérénité.

On sent que tous placent en Dieu seul leur confiance, et que cette confiance n'est pas un vain
mot. Je m'entretiens vingt minutes avec le P. Olivaint; frappé dans ses plus chères affections, il
conserve encore sur ses lèvres un gracieux sourire; je renonce à dépeindre sa figure et à reproduire sa conversation. Son visage avait quelque
chose de vraiment idéal, et sa parole était celle
d'un ange. Sur la proposition de Mgr Surat, de
M. Bayle et du P. Olivaint, les prêtres font vœu,
si Dieu daigne les arracher à la mort, de célébrer
pendant trois ans, le premier samedi de chaque
mois, une messe d'action de grâces en l'honneur
de la sainte Vierge. »

Après ce témoignage de M. l'abbé Lamazou,
nous sommes heureux de reproduire celui d'un
membre distingué de l'Université, qui nous adresse
les lignes suivantes :

« Vous recueillez avec un soin pieux les témoignages et les souvenirs qui se rapportent aux derniers moments des membres de votre Compagnie,
victimes des massacres de la Roquette dans la
sinistre semaine du 22 au 28 mai. Je me fais un

devoir de répondre à votre appel, pour ce qui concerne le P. Olivaint, qu'il m'a été donné de voir de plus près et d'entretenir à cette heure suprême.

« Ancien condisciple du P. Olivaint à l'École normale, il y avait trente-quatre ans que je ne l'avais revu lorsque nous nous sommes rencontrés à la prison de la Roquette, le mercredi 24, à l'heure de la promenade en commun de tous les otages. C'est lui qui vint se faire reconnaître de moi, me serrer la main et m'embrasser avec effusion, non sans un retour mélancolique sur les douloureuses circonstances de cette étrange entrevue, en un pareil lieu, et après une vie de part et d'autre si diversement agitée. Puis, me prenant à part, le P. Olivaint, la main dans la mienne, d'un ton à la fois affectueux et grave, me tint le langage d'un prêtre et d'un ami, et voulut s'assurer si je comprenais comme lui notre situation et ce qui nous restait à faire. Évidemment son sacrifice était fait : depuis l'avant-veille, il n'avait conservé aucune illusion, aucune lueur d'espérance; et sa ferme amitié ne chercha pas à dissimuler un sentiment de satisfaction quand je lui avouai que je voyais les choses comme lui, que du reste rien ne nous séparait en ce moment suprême, et que j'avais eu le bonheur de trouver déjà auprès de mon compagnon de cellule, Père des Missions Étrangères, ce que je lui aurais demandé à lui-même si notre rencontre avait eu lieu un jour plus tôt. « Fort bien, mon cher camarade, « me dit-il avec son calme sourire ; mais il me « semble que vous m'apparteniez, et que j'ai un « peu le droit d'être jaloux. »

« J'ai revu le P. Olivaint le lendemain jeudi, après la mort de Mgr l'Archevêque, et aussi le vendredi, jour où il devait lui-même subir le martyre. J'ai eu le triste bonheur de converser chaque fois longtemps avec lui : sans insister sur l'imminence trop visible du péril, il détournait évidemment la pensée de son interlocuteur, comme la sienne, de tout ce qui aurait pu réveiller de vaines espérances ; et sa courageuse charité s'attachait à faire regarder en face une destinée pour ainsi dire inévitable, à hausser le cœur au niveau de la dernière lutte. Faisant bon marché de sa propre vie,

il rabaissait son dévouement à lui, prêtre de l'É-
glise militante, aux proportions les plus simples et
les plus modestes ; et, pour soutenir des défaillances bien naturelles, presque légitimes, à l'entendre, il s'étendait à relever et à grandir notre sacrifice que les liens du sang et de la famille semblaient rendre plus difficile à accomplir. « Dans
« ces conditions, disait-il, une mort chrétienne est
« vraiment comme un second baptême ; et l'on
« peut s'abandonner avec la plus entière confiance
« à la miséricorde de Dieu. »

« J'ai le douloureux regret de n'avoir pu lui
serrer une dernière fois la main au moment du funèbre appel. Tous ceux qui se sont trouvés auprès
de lui à cette heure suprême ont rendu témoignage
de la fermeté calme et sereine, de la simplicité hé-
roïque dont il a fait preuve. Si, comme on le raconte, il a marché en tête des victimes depuis la
Roquette jusqu'au lieu du massacre, il était bien
digne de cette place d'honneur, et personne ne
pouvait mieux que lui donner à ses compagnons
l'exemple et le courage du martyre. »

M. l'abbé Bayle, vicaire général capitulaire de

Paris, me rapporte aussi une dernière confidence du P. Olivaint. Ils passaient ensemble la récréation : « Vraiment, je me sens tout joyeux, lui disait le Père, avec je ne sais quoi de dilaté ; je me rappelle ce que raconte saint François de Sales : lorsque, traversant le lac de Genève sur une petite barque, il fut assailli par une grande tempête, il se réjouissait de n'être séparé de l'abîme que par une planche, parce qu'il n'était plus porté que par la main de Dieu. Eh bien ! notre vie ne tient plus qu'à un fil ; mais ce fil, c'est Dieu même et Dieu seul qui le soutient. Oh ! que je suis heureux d'être entre les mains de Notre Seigneur ! »

N'est-ce pas ici le moment de rappeler quelques souvenirs et pressentiments, avant de raconter le dernier acte, qui les réalise et les consomme ? Depuis bien longtemps déjà le P. Olivaint portait en lui-même comme l'instinct du martyre.

Dès son entrée dans la Compagnie, comme un de ses amis avait quelque velléité de l'y suivre : « Voyons, lui demande le P. Olivaint avec vivacité, dites-moi : êtes-vous prêt à être roué pour l'amour de Jésus-Christ ? — Non pas, dit l'autre.

— Eh bien! lui fut-il répondu, restez où vous êtes et ne venez pas où je vais. Vous n'avez pas la vocation. »

A propos des persécutions incessantes et même des derniers malheurs possibles : « Qu'est-ce donc, s'écria-t-il, pour un jésuite qui sacrifie son cœur tous les jours, que d'avoir à donner une fois sa tête ? »

Au début de l'insurrection parisienne, lors de cette pacifique démonstration de la place Vendôme, dont l'issue devint si tragique, le jeune Paul Odelin, un de ses plus chers enfants de Vaugirard, était tombé au premier rang, mortellement atteint. Le P. Olivaint accourt aussitôt, les yeux pleins de larmes, et baisant au front le généreux enfant qui n'est déjà plus : « Oh! mon cher Paul, dit-il, reposez en paix. Et moi, que je voudrais donc être à votre place! »

La dernière fois probablement qu'il parlait en public, bien peu de temps avant son arrestation, après avoir fait allusion à nos malheurs, mérités par nos fautes nationales, il ajouta soudain avec un accent prophétique : « Et maintenant il faut à notre France ce qu'il fallut au monde, le rachat par le sang; non pas le sang des coupables, qui se perd dans le sol et reste muet et infécond, mais celui des justes qui crie au Ciel, conjurant et invoquant la miséricorde. »

Enfin, il m'en souvient, et je crois l'entendre encore, dans nos derniers entretiens, le P. Olivaint me faisait part de ses projets et de l'attitude à prendre, si on venait à le saisir et à l'interpeller : « Avant tout, me disait-il, je veux me poser sur mon terrain et me donner pour ce que je suis : citoyen français sans doute, mais prêtre, mais jésuite; car c'est sous ce dernier titre que je vis et que je veux mourir. — Soit, lui fut-il répondu, *moriamur in simplicitate nostra;* s'il faut mourir, tant qu'à faire, mourons tout entier et tombons tout d'une pièce. »

Constant avec lui-même, le P. Olivaint, au seuil de la Conciergerie, avait décliné tous ses titres d'une voix ferme et sonore : « Pierre Olivaint, prêtre et jésuite. »

C'est bien ! ô mon Père ; maintenant encore un peu, et la palme est à vous.

Le 26 mai tombait juste un vendredi ; le jour ne pouvait être mieux choisi ; aussi bien, cette fois, la mort allait être accompagnée d'une passion pleine d'ignominie et de souffrances. Les victimes auront à marcher et à gravir, pour aller trouver bien loin leur calvaire.

Le temps était à la pluie. Pour la récréation du milieu du jour, on ne permit point aux prisonniers de descendre dans le chemin de ronde, mais seulement de se promener dans le corridor même, au milieu de leurs cellules.

Tout à coup apparaît un délégué de la Commune ; il s'avance d'un air dégagé, tenant une liste à la main, et va se placer au milieu du corridor, dans un espace occupant la largeur de deux cellules et laissé libre pour donner du jour à l'intérieur.

Tous les prisonniers sont groupés en face.

Le personnage officiel annonce tout d'abord, comme une chose toute simple, qu'il lui faut quinze noms, ni plus ni moins ; à chacun maintenant de répondre à l'appel du sien.

Le P. Olivaint est appelé le premier : « Présent, » dit-il aussitôt en traversant le corridor ; il va se placer vis-à-vis des prisonniers pour commencer la rangée des victimes.

Le P. Caubert, nommé le second, au lieu de répondre immédiatement, rentre dans sa cellule pour y prendre quelque objet, peut-être le divin viatique à l'entrée de la voie douloureuse. Le triste héraut de la Commune lève la tête, et se donnant un air plaisant : « Mais, Messieurs, dit-il, je vous en prie, ne soyez donc pas effrayés. — Et quand nous le serions, lui répond un jeune prêtre, certes avec vous nous sommes bien payés pour cela. » Après un instant, le P. Caubert reparut et alla tranquillement reprendre sa place près du P. Olivaint.

Le nom du P. de Bengy, le troisième sur la liste, mal écrit, fut encore plus mal prononcé. Il se contenta de répondre avec un naturel parfait : « Si vous voulez dire de Bengy, c'est moi, me voici. »

L'appel terminé, comme les condamnés demandaient à passer d'abord dans leurs cellules pour faire en toute hâte quelques préparatifs de départ

(plusieurs étaient en pantoufles et sans chapeau) :
« Non, non, leur fut-il répondu, pour ce qui vous
reste à faire, vous êtes bien comme cela. Suivez-
moi, descendons au greffe, et partons. »

Aux quinze victimes recueillies dans le corridor
du premier étage de la quatrième division, on en
ajouta de nouvelles, prélevées sur les autres sec-
tions de la Roquette, et on en obtint ainsi une cinquantaine, chiffre exigé par la Commune.

On partit. Le P. Olivaint s'aperçut alors qu'il
avait encore à la main son bréviaire. Arrivé à la
porte extérieure de la prison, il comprit que désormais il n'en aurait plus besoin, et, sans doute pour
le soustraire à une profanation, il le présenta au
brave concierge de la maison, en lui disant : « Tenez, mon ami, voici mon livre. » Celui-ci l'accep-
ta, mais un capitaine de la garde nationale le lui
arracha aussitôt des mains et le jeta au feu. Le
concierge l'en retira, dès qu'il fut délivré de la surveillance de ces misérables. Il voulait le garder
comme une relique et repoussa les offres sédui-
santes d'un haut personnage qui lui enviait la
possession de ce pieux trésor. Mais, depuis, il s'en

est défait en notre faveur, sans qu'il fût possible de lui faire accepter aucune gratification. C'est bien le grand bréviaire in-4° que nous connaissions; nous le conservons à la rue de Sèvres, à moitié brûlé, mais d'autant plus précieux pour les frères du P. Olivaint.

Cependant les détenus qui restaient encore dans la prison avaient beau prêter l'oreille aux fenêtres de leurs cellules; aucune détonation ne vint leur annoncer qu'un second holocauste était consommé. On leur apprit bientôt que l'exécution devait se faire à Belleville.

On se demande la raison de cette mesure, et pourquoi donc aller si loin ?

Était-ce pour relever le moral des combattants dans ces derniers retranchements de l'insurrection, en transformant les otages en prisonniers et en faisant croire encore à une victoire au milieu même de sa défaite ? Était-ce pour surexciter les passions extrêmes ? Car le peuple s'enivre de la vapeur du sang. N'était-ce point seulement pour prolonger l'agonie avant le supplice ? Les membres seuls de la Commune pourraient nous répondre.

Mais la seconde hypothèse serait la plus admissible, s'il est **vrai** que, le convoi des prisonniers une fois arrivé à Belleville, un homme, monté sur une charrette, un drapeau rouge à la main, ait prononcé ces paroles : « Citoyens, le dévouement de la population mérite une récompense. Voilà des otages que nous vous amenons pour vous payer de vos longs sacrifices. »

Ici quelques indications topographiques sont indispensables ; nous serons ainsi nous-mêmes sur le théâtre du crime et nous pourrons assister au drame sanglant de la rue Haxo. Il y a loin, bien loin, de la Roquette jusque-là, trois kilomètres peut-être, et il ne faut pas moins de trois quarts d'heure pour franchir cet intervalle. Le chemin est presque d'un bout à l'autre montant et même rapide. Dans ces quartiers extrêmes, les rues fourmillent de peuple : Belleville, simple faubourg, est une vraie ville de 55,000 habitants, entre la Villette qui en compte 51,000 et Ménilmontant qui en a plus de 40,000.

Nous avons à suivre cet itinéraire, facile à tracer sur une carte de Paris. En sortant de la prison, qu'on prenne à droite la rue de la Roquette jusqu'au cimetière du Père-Lachaise, puis le boulevard, puis la chaussée de Ménilmontant, jusqu'au boulevard Puebla ; qu'on suive ce boulevard jusqu'à l'intersection de la rue des Rigolles, pour aboutir à la rue de Belleville près la mairie du vingtième arrondissement ; après avoir encore marché longtemps dans cette dernière rue, on rencontrera la rue Haxo ; qu'on tourne à droite, et on arrive au n° 85 ; là est la cité Vincennes, sur le plateau de Saint-Fargeau, entre Belleville et Ménilmontant.

La cité Vincennes, selon l'usage reçu, est séparée de la rue Haxo par une grille qui reste ouverte pendant le jour. Après avoir traversé un espace bordé de maisonnettes et de petits jardins potagers, on arrive dans une grande cour, en face d'un bâtiment assez vaste quoique de médiocre apparence, lequel avait servi à l'état-major du deuxième secteur pendant le siége de Paris et était devenu un quartier-général depuis l'insurrection parisienne. Au delà, sur la gauche, on pénètre dans une espèce de verger ou de terrain vague, où l'on aperçoit un espace oblong, découvert, mais fermé au fond, sur le côté qui longe la rue du Borrégo, par de hautes murailles, et en avant par un simple mur de soubassement, destiné sans doute à supporter un treillis. C'est une salle de bal champêtre en construction. Il y a bien loin, mais pas si loin qu'on pourrait le croire, de la destination de ce local à son usage. Enfin, au milieu de ce terrain inégal et encore encombré de matériaux en désordre, s'ouvre un soupirail carré donnant sur une future fosse d'aisance.

Reprenons le fil de notre récit.

Le cortége sortait de la Roquette et se mettait en mouvement un peu après quatre heures, puisqu'à quatre heures et demie il défilait déjà sur la chaussée Ménilmontant. En tête, à cinquante pas en avant, marchait un garde, tête nue, qui annonçait à haute voix qu'on amenait là des gens désarmés, des Versaillais faits prisonniers le matin à la Bastille, et qui recommandait aux citoyens le calme de la force et la dignité de la victoire. Venaient ensuite les condamnés, à la file et deux à deux, ayant l'air très-calme. On leur assurait qu'ils étaient seulement transférés dans un lieu plus sûr que la Roquette et qu'il ne leur serait fait aucun mal. Heureux en vérité ceux qui avaient mis ailleurs leur confiance ! Dans ce long convoi, on ne remarquait qu'un petit nombre de prêtres en soutane, quatre ou cinq environ ; les autres étaient revêtus de l'habit laïque. L'escorte, à l'entour et en arrière, se composait de cent cinquante hommes armés, gardes nationaux du 173ᵉ bataillon, auxquels s'étaient joints, pour une si belle occasion, des *Enfants perdus* de Bergeret et d'autres bandits de tous les noms.

D'abord, sur le passage du cortége, soit consternation, soit panique, les boutiques et les fenêtres se fermaient ; mais la scène changea bientôt. A la hauteur du boulevard Puebla, les femmes et les enfants accourent, affluent, enveloppent les rangs et poursuivent les victimes d'imprécations et de mille cris de mort. Les héroïnes de la Commune vont faire désormais en grande partie les frais de l'horrible expédition. Où sont maintenant ces vierges modestes et dévouées, que nous avons rencontrées naguère apportant à nos chers captifs

le pain de la terre et le pain du ciel ? La religion
élève la femme au-dessus de son sexe, et quelque
fois même au-dessus du nôtre ; l'impiété la dé-
grade toujours et la ravale au-dessous même de
la nature. Nous n'avons plus que des bacchantes,
ivres de luxure et altérées de carnage, vraies
furies, le blasphème à la bouche et le revolver au
poing. La foule grossissait toujours, la presse
devenait extrême ; les gardes avaient à lutter pour
protéger les victimes, non contre les insultes,
mais contre les dernières violences.

On parvint à la rue de Belleville entre l'église
et la mairie du vingtième arrondissement. Là,
le cortége fait une halte, et comme les cris du
peuple deviennent plus menaçants, on est au moment d'en venir sans plus tarder au dénoûment.
Cependant on poursuit la marche, et pour couvrir
un peu les clameurs de la foule, ou pour donner
plus de solennité à l'action, on ajoute au cortége
une musique militaire ; des clairons, accompa-
gnés de tambour, exécutent des fanfares, et l'on
va au supplice comme on irait à un spectacle.
Les victimes suivaient deux par deux, ayant de

chaque côté deux gardes nationaux, la baïonnette au bout du fusil. Les gendarmes marchaient les premiers.

Mais ne puis-je donc plus, au milieu de cette effroyable mêlée, entrevoir encore une fois mes frères qui vont mourir ? Des témoins oculaires ont remarqué et m'ont signalé dans les rangs des victimes un prêtre donnant le bras à un laïque, qui paraissait exténué de fatigue. Ah ! je les reconnais parfaitement tous deux : le P. Caubert, dont le courage était plus grand que les forces, s'appuyait sur le bras du P. Olivaint, son supérieur, son frère et son ami. Insoucieux du bruit et de la foule, ils priaient et conversaient doucement, comme s'ils avaient été seuls, et sans doute ils parlaient encore de la famille qu'ils laissaient et déjà de celle qu'ils allaient trouver au ciel.

Bien près d'eux marchait le P. de Bengy, la tête haute toujours et le cœur au large.

Avant d'arriver à la rue Haxo, il y eut encore un arrêt et un moment d'hésitation. On vint à rencontrer une barricade armée d'une mitrailleuse.

Il fut aussitôt question de tout finir d'un seul

coup. Mais on se ravise ; on est enfin au terme, près de l'entrée de la cité Vincennes. Le passage est étroit, la foule énorme et plus furieuse à mesure que le dénoûment est plus proche. Là même, un vieux prêtre, qui avait peine à suivre, est violemment arraché au triste cortége, tué par une femme d'un coup de revolver et traîné jusqu'au lieu de l'exécution générale.

Déjà tout cet espace voisin que nous avons décrit était occupé, envahi par les hommes armés, les femmes et les enfants. On fait entrer les cinquante victimes, on les pousse brutalement dans cette malheureuse salle de bal, et on les accule pêle-mêle contre le grand mur du fond. Un instant deux officiers couverts de galons veulent s'interposer et gagner du temps; mais violemment interpellés, menacés eux-mêmes d'être fusillés avant tous les autres, ils n'échappent à la mort que par la fuite.

Alors, vers six heures du soir, il se passa dans la cité Vincennes une dernière scène absolument indescriptible, non pas une exécution, mais une tuerie. On ne fusillait pas, on massacrait, et les odieuses femmes en firent presque autant que les hommes. Ce fut, dit-on, une cantinière qui donna le signal du massacre, en faisant feu la première. Aussitôt les armes furent déchargées les unes après les autres; il y eut ensuite un semblant de feu de peloton, mais mal nourri. Les femmes, montées en foule sur le mur d'enceinte, acclamaient les meurtriers et insultaient aux victimes. Sans pouvoir rien distinguer, on entendait tout à la fois les détonations multipliées de revolvers dominant le pétillement des chassepots, les vociférations des bourreaux et les gémissements des victimes. Le grand tumulte dura environ un quart d'heure; vers sept heures tout était fini. Assez longtemps on s'acharne même sur les morts, qui restèrent ainsi étendus sur le sol jusqu'au lendemain. Ce fut le samedi qu'on les précipita à tout hasard dans l'ignoble caveau.

Oh! notre Père, qui êtes dans les cieux, *pardonnez-leur, car ils ne savent ce qu'ils font!*

Peu de jours après, nous visitions ce théâtre

d'un grand crime, redevenu silencieux et désert ; nous contemplions d'un œil morne ce sol témoin muet de tant d'agonies, ce grand mur du fond criblé de balles et tacheté de sang, et cet horrible trou béant au milieu ! Mais aussitôt, corrigeant l'impression de la nature et relevant nos pensées par la foi : Le supplice, nous disions-nous, n'a été qu'un martyre, et déjà l'expiation a couvert le crime.

Frères bien-aimés, nous avons pleuré sur vous tant que vous n'aviez pas fini de combattre ; nous ne pleurons plus depuis que vous avez commencé à triompher ; et sur ce sépulcre étrange, et pourtant glorieux, où vous avez reposé trois jours, nous déposerons une palme en souvenir autant qu'en espérance.

# EPILOGUE

A Commune se réservait une nouvelle et dernière hétacombe pour la journée du 27 mai ; samedi, veille de la Pentecôte, enfin on devait vider la prison. Mais le sang innocent avait déjà coulé deux fois, et comme le P. Olivaint l'avait annoncé, presque aussitôt il se fit une éclaircie dans le ciel et un apaisement sur la terre. Le samedi 27, la victoire était décidée, et le dimanche 28, fête de la Pentecôte, elle fut consommée. Il n'y avait plus de Commune; Paris se voyait rendu à lui-même et à la France. Il est vrai, quatre victimes encore, et dans le nombre Mgr Surat, premier vicaire-général du diocèse, trop tôt sorti dans la soirée du 27, tombèrent sous les murs mêmes de la Roquette. Mais le lendemain matin, la division du général Bruat s'emparait de la position; les portes s'ouvrent et cent soixante-neuf otages retrouvent la liberté et la vie.

Après avoir sauvé les survivants, on s'occupa de retrouver les morts.

Nos troupes, déjà maîtresses de la Roquette, venaient à peine d'occuper le cimetière du Père-Lachaise : des coups de feu isolés partaient encore çà et là, et déjà, vers huit heures du matin, une fouille était dirigée dans la tranchée ouverte à l'angle sud-est, tout à fait contre le mur d'enceinte. On ne tarda pas à découvrir, sous un mètre cinquante de terre détrempée par les pluies récentes, les corps des six victimes, rangés en travers, trois à trois, pied contre pied, et à moitié superposés les uns aux autres, pour ménager la place dans la fosse commune; d'un côté Mgr l'Archevêque, le P. Ducouday et le P. Clerc; de l'autre vis-à-vis, M. Bonjean, M. Deguerry et M. Allard. Les vêtements, souillés d'une boue sanglante, avaient été lacérés; les corps, quoique très-maltraités, restaient encore parfaitement reconnaissables. On les mit aussitôt dans des cercueils provisoires : M. Bonjean et M. Allard furent laissés dans la chapelle même du cimetière ; et sous une escorte d'honneur et de sûreté, Mgr l'Archevêque et M. Deguerry furent transportés à l'archevêché rue de Grenelle, et les PP. Ducoudray et Clerc à notre maison de la rue de Sèvres.

La reconnaissance à Belleville fut bien plus laborieuse. Dès le dimanche, un vicaire de Belleville, M. l'abbé Raymond, accompagné du président de la fabrique de la paroisse, M. Chételat, s'était porté à la rue Haxo. Averti par la rumeur publique qu'on y avait massacré des otages, il eut assez de peine à découvrir l'endroit où reposaient leurs corps. Mais bientôt il arriva à l'entrée de la fosse, fermée par un petit volet. Les exhalaisons cadavériques qui en sortaient ne laissèrent plus de doutes à M. Raymond ; la planche une fois soulevée, les corps apparurent. A sa prière, le commandant d'un poste voisin fit placer une sentinelle pour garder les restes précieux qui venaient d'être découverts. Avant de procéder à l'exhumation, il fallait se munir d'autorisations; on remit au lendemain à terminer la triste cérémonie.

Le lundi vers midi, M. l'abbé Raymond retourna sur le lieu du massacre ; il y trouva deux de nos Pères : le P. Bazin, sauvé la veille de la Roquette, et le P. Foulongne ; M. Lauras, chef au contentieux de la compagnie du chemin de fer d'Orléans, et M. le docteur Henri Colombel, l'un beau-frère et l'autre ami du P. Caubert.

Vers quatre heures, tous les préparatifs étaient terminés. Il arriva en ce moment quelques officiers des volontaires de la Seine, dont le courage fut du plus grand secours. Il s'agissait maintenant d'extraire et de reconnaître l'une après l'autre les cinquante victimes amoncelées dans l'horrible fosse. Une nouvelle ouverture est pratiquée dans la voûte; on y introduit une échelle qui porte sur le sol, et l'intrépide docteur Colombel, le lieutenant Valin et ses braves camarades pénètrent et travaillent dans ce gouffre de mort, où il y a déjà une fermentation de trois jours et trois nuits. Voilà donc tous ces corps rangés à terre et rendus au jour, mais si défigurés par le supplice qu'à peine

conservent-ils encore une forme humaine, et
ce n'est qu'à l'aide des vêtements ou de quelque
autre signe accessoire qu'on peut constater l'iden-
tité des personnes. C'est ainsi seulement qu'on
put reconnaître les PP. Olivaint, Caubert et de
Bengy, et le lundi 29 mai, entre neuf et dix heures
du soir, trois nouveaux cercueils furent amenés
à la rue de Sèvres : les deux autres les y atten-
daient dans la chapelle dédiée aux saints Martyrs.

Le jour même, je revenais à Paris. C'était la
veille seulement, 28 mai, vers le milieu du jour,
que nous arrivait par dépêche à Versailles la nouvelle de la double catastrophe du 24 et du 26. Le
P. Bazin, sortant de la Roquette, vint bientôt la
confirmer. Nous demandons immédiatement et
nous obtenons la permission de rentrer à Paris
pour affaire urgente. A travers les ruines encore
fumantes nous courons à la rue de Sèvres. Le
P. Lefebvre, fidèle gardien, tenait encore le guichet
de la maison abandonnée. Presque aussitôt et
comme par enchantement, les frères séparés
et dispersés se rallient sous le toit commun,
avec une douce joie, mêlée d'une amère tris-

tesse . Que de vides et quels vides parmi nous !

La journée du lendemain fut tout entière consacrée à divers préparatifs.

Enfin, le mercredi 31 mai, eut lieu la suprême cérémonie, avec la solennité que comportaient la simplicité de nos usages et le malheur des temps. Au moins l'église du Jésus, fermée, comme tant d'autres, depuis près de deux mois, se rouvrit-elle sous les auspices du martyre. Elle se remplit aussi, et beaucoup de larmes attestèrent que les victimes avaient beaucoup d'amis. Quatre cercueils étaient rangés sur des estrades dans la partie basse du chœur, recouverts d'un drap et portant chacun la couronne d'immortelles si bien méritée ; le cinquième avait été introduit sous un catafalque placé en avant dans la nef. Le vaste chœur était rempli de prêtres et de religieux, qui reparaissaient à la lumière comme au sortir des catacombes, de députés venus exprès de Versailles et d'officiers qui se disaient encore les enfants du P. Olivaint et du P. Ducoudray. Après l'office psalmodié, je montai au saint autel et avant le saint sacrifice je réunis ces cinq noms : Pierre, Léon, Jean, Alexis et

Anatole, associés ensemble par la mort et devenus inséparables dans la vraie vie. Le vénérable
M. Hamon, curé de Saint-Sulpice, voulut bien,
avant la cérémonie de l'absoute, adresser à l'assis-
tance une vive et pieuse allocution. Mais le sang
des martys ne parlait-il pas bien haut lui-même ?

Un touchant épisode vint clore la douloureuse
cérémonie du Mont-Parnasse. Une grande foule
pieusement sympathique avait suivi le cortége jusqu'au cimetière où les corps allaient être déposés
au moins pour un temps; tous les rites sacrés
étaient accomplis; un jeune homme, un ancien
élève de Vaugirard, demande à parler au nom de
ses amis de collége. Certes, il en avait le droit.
M. Eugène de Germiny, aujourd'hui avocat au
barreau de Paris, avait dû être, s'il en eût été
besoin, l'avocat du P. Olivaint; et je ne sais lequel
aurait été plus glorieux pour celui-ci d'être défendu par un de ses fils, ou pour celui-là de défendre
son père. Mais on l'a vu, à la Conciergerie il n'y
eut pas même d'accusateur; à Mazas il n'y eut
pas même de juge; il n'y eut que des bourreaux à
la Roquette, Au lieu d'un plaidoyer, M. Eugène

de Germiny n'eut plus à prononcer qu'une oraison funèbre. Il s'avança au bord du caveau où cinq cercueils venaient de descendre, et tout pâle, tremblant d'émotion, il adressa ces adieux aux amis de son enfance :

« Mes Révérends Pères,

« Messieurs,

« Peut-être vos larmes n'eussent-elles demandé que le recueillement et le silence. Mais ces hommes qui sont là, ces prêtres, ces compagnons de Jésus, ce sont eux qui m'ont élevé. Les anciens élèves des Jésuites ne me pardonneraient pas, si, en un pareil moment, je taisais notre reconnaissance et nos regrets ; et pour moi, à l'instant où je vais me séparer de mes anciens maîtres, je ne peux pas, non, je ne peux pas m'en aller sans leur parler encore une fois.

« Ah ! Messieurs, ceux que vous pleurez ici, ce sont des victimes de nos discordes civiles, des religieux, des parents, des amis. Mais nous !...

nous venons pleurer des hommes qui ont été tués pour nous, à cause de nous.

« Ce qu'ils voulaient en effet, ces pauvres Pères, le but qu'ils poursuivaient, c'était de former pour la France une jeunesse chrétienne.

« Ils savaient que si, dans le cœur d'un enfant, on trouve innés pour ainsi dire l'amour de la famille et l'amour de la patrie, tout cela est bien faible, bien capricieux, bien fragile, sans l'amour de Dieu ; et alors, au matin de notre vie, ils nous avaient reçus des mains de nos parents, pour fortifier par des principes ce qui n'était en nous que des instincts, pour nous rendre capables un jour de dévouement, en nous apprenant la loi, sévère et consolante à la fois, du sacrifice.

« Mais, en face de nos maîtres, au milieu des déchirements de notre malheureux pays, des hommes se sont rencontrés capables, eux, de tous les crimes. Ces hommes se sont dit : « Pour « que la société nous soit une proie facile, il nous « faut une société sans Dieu. » Et se sentant les plus forts, pendant quelques heures, ils ont tué ceux qui préparaient à la France une race de chrétiens.

« Oui, c'est pour cela qu'ils sont venus chercher de pauvres religieux dans leurs cellules, et qu'ils les ont retenus prisonniers pendant six semaines. Ils ne les traduisaient pas devant un tribunal quelconque, car (l'un d'eux l'avait avoué) ils n'auraient su de quoi les accuser ; seulement, parfois ils les interrogeaient pour avoir occasion de les insulter. — Mais jugez-les donc, leur disait-on encore il n'y a que quelques jours. — Oh ! non, répondaient-ils hypocritement, nous voulons auparavant laisser se calmer les passions populaires. — Et puis, ils sont venus les saisir, pour fusiller les uns à la porte de la prison, pour massacrer les autres au loin, après les avoir exposés aux huées et aux insultes de la foule. A tous ils ont infligé de tels traitements, que lorsque, après avoir examiné les cinquante victimes, on retrouva les dépouilles des pauvres Pères, on put compter les coups de crosse qui leur avaient brisé le crâne, découvrir la place où la balle les avait frappés, celle où les baïonnettes les avaient atteints; on vit toutes les traces de leur cruel martyre; mais on put à peine reconnaître leurs traits.

« Ah! vous comprenez bien, Messieurs, qu'en face de ces hommes qui ont souffert tout cela pour nous, nos gémissements aient le droit de se faire entendre, et que nous serions bien ingrats si nous pouvions les retenir.

« Adieu donc, ô vous qui nous avez élevés! adieu! vous qui avez été pour nous ce que les apôtres étaient pour les premiers chrétiens. Ils s'en allaient répandant la bonne nouvelle et la bonne semence, quittant toutes les joies légitimes d'ici-bas, formant partout des générations de fidèles; puis, un jour, ceux-ci apprenaient que la dent des bêtes fauves avait déchiré l'homme de Dieu qui les avait évangélisés, et l'acte sanglant de la foi des maîtres assurait la foi naissante dans l'âme des disciples. Vous avez fait de même. Pour mieux nous élever, pour mieux nous aimer, vous vous étiez sevrés de toutes les affections du monde. Vous ne vous réserviez même pas cette joie du père de famille qui, à la fin de sa vie, se console et se repose des soins que demanda l'éducation de ses enfants, en s'entourant de leur reconnaissante tendresse ; car, quand vous aviez fait de nous des hommes et des chrétiens, vous vous sépariez de nous, nous donnant à cette société si souvent ingrate envers vous. Et voici qu'aujourd'hui, par votre martyre, vous mettez le sceau à notre éducation ; voici que nous sommes fortifiés dans la foi par votre sang versé pour la foi, comme les premiers chrétiens par le sang de leurs apôtres.

« Adieu ! ô vous que nous aurions tous voulu sauver !

« O mon Père, vous qui avez été plus spécialement mon maître, vous qui dirigiez le collége de Vaugirard, quand j'y étais élève, si vos bourreaux avaient conservé quelque semblant de justice, vous n'auriez pas comparu devant eux, sans trouver parmi nous un défenseur.

« Et vous, qui avez élevé tant d'officiers chrétiens pour l'armée française (que tous les anciens élèves des Jésuites me laissent être leur interprète !), parmi ces soldats qui entraient dans Paris, pour y rétablir l'ordre et la paix, il y en avait qui

furent vos enfants et qui, pensant à vous, s'élan-
çaient avec plus d'ardeur au-devant du danger,
bravaient la mort, se hâtaient, dans l'espérance
d'arriver encore à temps pour vous sauver. Hélas!
hélas! désirs impuissants! notre dévouement n'a
rien pu! Et pour nous résigner dans le désespoir
de nos cœurs déchirés, nous ne pouvons que
nous rappeler les derniers mots tracés par la
main d'un d'entre vous : « Que la volonté du
« Seigneur soit bénie! »

« Adieu! une dernière fois, adieu!

« Mais, que ce dernier mot ne soit pas trop
plein de tristesse. Vous nous avez appris à élever
nos âmes, à porter plus haut nos cœurs; et, quand
je cherche dans ce tombeau où vous êtes descendus, quelque écho de ma voix, je vous entends
me renvoyer la parole que je vous adresse, oui,
je vous entends me dire, à votre tour : *A Dieu!*
et je comprends que ce mot doit nous consoler.
Oui, vous êtes auprès de ce Dieu dont vous avez
entretenu notre enfance; c'est auprès de ce Dieu
que vous nous donnez rendez-vous, lorsqu'à
l'heure de notre jeunesse, nous venons soulager

notre douleur, en pleurant sur vos cercueils. Ah! ce souvenir nous restera; au déclin de notre vie, nous en garderons encore la mémoire. Oui, toujours, nous nous souviendrons du rendez-vous que vous nous donnez, où vous nous attendez déjà, et je vous jure que nous y serons fidèles!... Adieu! »

Maintenant, après les derniers devoirs rendus et le dernier hommage de tous ces jeunes hommes, que je puis encore et toujours nommer nos enfants, ne faudrait-il pas rapporter comme un témoignage de nos amis, ces lettres sans nombre, venues non-seulement de toutes les parties de la France, mais de tous les pays de l'Europe? On croit entendre un long cri de douleur. Je veux du moins en citer une; car il convient, après tout, de laisser la parole au Père de toute la famille religieuse; il sait bien aussi pleurer ses fils qui ne sont plus, et il peut seul, avec Dieu, consoler ceux qui leur survivent. Je donne le texte latin et la traduction :

« Reverende et carissime Pater,

« *Pax Christi.*

« Accepi hodie litteras Reverentiæ Vestræ d.
28 maji, quæ timorem quem ultimo tempore in
corde habebamus, confirmarunt : Dominus dedit,
Dominus abstulit, sit nomen Domini benedictum!
Ex me ipso metiri possum quid tu sentias, carissime Pater. Omnes preces, omnia sacrificia
quæ poteram, ultimo tempore pro vobis ves-
trisque rebus Deo offerebam. Verum non fuit
voluntas Dei, ut dilectissimos illos Patres nobis
conservaret; victimas habere voluit, quo Majestas
sua tot flagitiis irritata placaretur. Et nihil nobis
superest, nisi ut divinæ voluntati nos subjiciamus.
Pro salute Galliæ vitam suam dederunt; nos
quidem in terris multum perdidisse videmur, sed
Deus, qui dives est in misericordia, aliis modis

retribuere potest, et pastor æternus pusillum gregem suum non deseret. Oculos ergo et cor nostrum elevemus ad Deum, qui propter illos ipsos, quos ex Societate nostra in holocaustum poposcit, nostri miserebitur. Audio etiam Patres nostros egregium charitatis et devotionis exemplum usque ad ultimum vitæ momentum dedisse, de quo misericordissimo Deo gratias agere debemus, et eo majores gratias nobis sperare possumus. Unde, carissime Pater, Dei judicia in humilitate adoremus et ejus providentiæ nos committamus.

« Ego quidem vestri semper memor sum in orationibus, ut Deus omnia vestra bene disponat. Video adhuc multas difficultates et gravia pericula ; sed in manu Domini sumus. Et qui habitat in adjutorio Altissimi, in protectione Dei cœli commorabitur.

« Dominus Reverentiæ Vestræ et sociis omnibus benedicat et me sanctissimis sacrificiis commendo.

« Reverentiæ Vestræ servus in Christo,

« PETRUS BECKX, S. J. »

« Rome, le 1er juin 1871.

Mon Révérend et bien cher Père,

« *La paix de N. S.*

« Je reçois aujourd'hui votre lettre du 28 mai, qui confirme toutes nos craintes. *Le Seigneur nous les avait donnés ; le Seigneur nous les a enlevés ; que le nom du Seigneur soit béni !* Je puis assez comprendre par moi-même ce que vous ressentez, mon bien cher Père. Toutes les prières et tous les saints sacrifices dont je pouvais disposer, je les offrais pour vous à Dieu dans ces derniers temps. Mais sa volonté n'a pas été de nous conserver ces bien-aimés Pères ; il lui a plu de les prendre pour victimes, afin d'apaiser sa divine Majesté irritée par tant de crimes, et il ne nous reste plus qu'à nous soumettre à ses adorables conseils. Ils ont donné leur vie pour le salut de la France. Nous paraissons, il est vrai, avoir beaucoup perdu sur la terre, mais Dieu, qui est riche en miséricorde, aura d'autres moyens de nous dédommager, et l'éternel Pasteur n'abandonnera pas son petit troupeau. Élevons donc vers Dieu nos yeux et nos cœurs ; grâce à ces dignes enfants de la Compagnie qu'il nous a demandés en holocauste, il aura pitié de nous. Je sais encore que nos Pères ont donné jusqu'au dernier moment de leur vie de grands exemples d'amour de Dieu et du prochain ; nous devons en remercier l'infinie bonté de Notre Seigneur, et pour nous c'est un titre de plus pour espérer de nouvelles grâces. Ainsi donc, mon bien cher Père, adorons humblement les jugements de Dieu et confions-nous à sa Providence.

« Quant à moi, je me souviens sans cesse de vous dans mes prières, afin que Dieu dispose bien tout ce qui vous intéresse. Je vois encore de nombreuses difficultés et de grands dangers ; mais nous sommes dans la main du Seigneur. *Et celui qui habite dans le secours du Très-Haut demeurera sous la protection du Dieu du ciel.*

« Que Notre Seigneur vous bénisse et tous vos compagnons. Je me recommande à vos saints sacrifices.

« De Votre Révérence,

« Le serviteur en Jésus-Christ,

« Pierre Beckx, S. J. »

Cette lettre est de la main du Très-Révérend Père général de la Compagnie et toute du cœur de saint Ignace lui-même.

Pour moi, après avoir recueilli, avec un fraternel amour, les actes et comme les reliques de mes frères immolés, je ne sais plus que rappeler leur sainte et noble devise : *Ibant gaudentes !* Oh ! comme avec elle en effet on va vite et comme on va haut ! Elle était vraie déjà au commencement, sur leurs lèvres ; combien plus, à la fin, ne l'est-elle pas dans leur cœur ! Alors elle présageait le martyre, et maintenant elle le couronne. Oui, en vérité, si forte est la charité de Jésus-Christ, si douce l'espérance du ciel, qu'ils allaient, heureux de souffrir et de mourir pour l'amour de Jésus : *Ibant gaudentes, quoniam digni habiti sunt pro nomine Jesu contumeliam pati ;* mais, j'ose le penser et l'écrire, ils sont revenus bien plus heureux de n'avoir plus qu'à jouir encore, et toujours, de la gloire de Jésus.

Frères, vous n'êtes plus en ce monde, mais nous y sommes encore, et nous sommes tous de la Compagnie de Jésus. Nous nous aimions beaucoup ; aimons-nous à jamais les uns les autres. Nous vous félicitons de votre victoire, assistez-nous dans nos combats. Nous aussi, nous ferons de votre devise la nôtre : *Ibant gaudentes !* Nous vous suivrons pour vous rejoindre, et avec l'allégresse de l'espérance et de l'amour, par le Calvaire nous irons au Ciel, où vous nous attendez.

# APPENDICE

C E n'était pas, je l'avoue, sans un certain regret de la part de leurs frères, que les victimes avaient été ensevelies dans le caveau commun au cimetière du Mont-Parnasse. Il semblait que quelque dérogation à la coutume eût pu être faite en faveur des précieuses dépouilles de ceux qui avaient souffert généreusement la mort pour Notre Seigneur. Dès le moment où elles furent déposées à la rue de Sèvres, on avait pensé que leur place était dans notre chapelle. Diverses considérations empêchèrent de donner suite à ce projet, du moins à cette époque ; mais on s'était promis de ne pas l'abandonner. En effet, de nombreuses et pres-

23

santes démarches furent faites auprès de ceux qui seuls pouvaient autoriser l'exhumation des cadavres et leur translation dans notre église. Pleine de bienveillance et de sympathie, l'autorité supérieure crut devoir, dans les circonstances présentes, déférer à nos vœux et à ceux de nos amis.

La permission une fois accordée, on prépara dans notre église cinq caveaux juxta-posés. Où les creuser ? La place paraissait indiquée dans la chapelle qui se trouve la première à droite en entrant. Dédiée aux saints martyrs du Japon et aux autres martyrs de la Compagnie, cette chapelle revendiquait ce précieux dépôt. C'est là que reposent nos frères, dans l'attente de la résurrection glorieuse. Des dalles de marbre blanc recouvrent l'entrée des caveaux, et sur ces dalles des inscriptions marquent la place qu'occupe chacune des victimes. Elles sont conçues dans les termes suivants :

DVM SVB ALTARI DEI PONVNTVR
REQVIESCVNT HOC LOCO OSSA
PETRI OLIVAINT PARISII
PRESBYTERI SOCIETATIS IESV
HVIC DOMVI PRAEFECTI

VIXIT ANNOS LV MENSES III DIES IV
PRO PIETATE MORTEM OPPETIIT
VII KAL. IVN. A. D. MDCCCLXXI


HOC LOCO DEPOSITA SVNT
OSSA ET RELIQVIAE
IOANNIS CAVBERT
PRESBYTERI SOCIETATIS IESV
NATVS PARISIIS XIII KAL. AVG. A. D. MDCCCXI
ODIO PIETATIS OCCISVS EST
VII KAL. IVN. A. D. MDCCCLXXI


HIC JACET IN PACE ☧
ALEXIVS CLERC
DOMO PARISIIS
PRESBYTER SOCIETATIS IESV
NATVS ANNOS LI MENSES V DIES XIII
LIBENS FVSO SANGVINE FIDEM SIGNAVIT
IX KAL. IVN. A. D. MDCCCLXXI


LOCVS LEONIS DVCOVDRAY
PRESBYTERI SOCIETATIS IESV
ET RECTORIS SCHOLAE GENOVEFIANAE
NATVS LAVALII PRID. NON. MAIAS A. D. MDCCCXXVII
VITAM SANCTAM SANCTIORE MORTE CORONAVIT
ODIO ☧ NOMINIS IMPIE TRVCIDATVS
IX KAL. IVN. A. D. MDCCCLXXI


LOCVS SEPVLTVRAE
ANATOLII DE BENGY

ORTV BITVRIGIS
PRESBYTERI SOCIETATIS IESV
QVI QVAM MORTEM IN MILITVM CVRA
A PATRIAE HOSTIBVS NON METVIT
A RELIGIONIS HOSTIBVS FORTITER ACCEPIT
VII KAL. IVNII A. D. MDCCCLXXI
ANNOS NATVS XLVI MENSES VIII DIES VII

Par une autre faveur de l'administration, notre maison de la rue de Sèvres s'enrichit d'un nouveau trésor. Les prisonniers de Mazas n'avaient-ils pas, en quelque sorte, sanctifié tous les objets qui avaient été à leur usage pendant leur captivité ? Dans tous les cas, c'étaient de précieuses reliques, dont la possession nous tenait à cœur. Nos vœux furent encore une fois exaucés, et les hamacs, les tables, les tabourets, les bidons, dont s'étaient servis nos frères, sont devenus notre propriété.

La chapelle des martyrs Japonais n'a pas tardé à attirer le pieux concours des fidèles, jaloux de venir implorer ceux qui ont été leurs directeurs dans les voies du salut, leurs consolateurs dans les épreuves de la vie. Il n'est pas temps encore de parler des grâces singulières que plusieurs de ces âmes reconnaissent devoir à ceux qu'ils ont implorés. Enfants soumis de l'Église, nous savons qu'elle seule a autorité pour juger de ces faits; mais nous ne pouvons passer sous silence un événement qui, s'il n'est pas dû à une intercession particulière d'un de nos frères, n'en est pas moins consolant; d'ailleurs il touche de près à notre récit. Les détails suivants rectifieront ce qu'il y a eu de peu exact dans ceux qu'on a pu donner dans diverses publications.

On sait qu'un des membres de la Commune, Vermorel, après avoir été blessé sur une barricade, fut transporté à Versailles, où il ne tarda pas à succomber. Moins fanatique que ses collègues, il s'était montré plus accessible aux demandes qui lui furent adressées au sujet des prisonniers. Ce fut à lui que le P. Ducoudray dut de recevoir les visites dont nous avons parlé. Ce bienfait ne fut pas perdu.

Quand la gravité de l'état du blessé fut connue, un Père de notre Résidence de Versailles accueillit avec joie la mission de tenter auprès de l'infortuné Vermorel un suprême effort. Un de ses compagnons n'avait pas réussi complétement dans une première visite.

Le 9 juin, le P. Henri de Régnon se présenta à l'hôpital militaire. « J'ai été introduit, racontait-il, dans une cellule gardée, à l'extérieur, par plusieurs factionnaires; à l'intérieur quatre gendarmes étaient de service et un maréchal des logis se tenait près du lit. Dans le lit en face était couché un membre de la Commune blessé, le nommé Courtin; près du lit de Vermorel, un autre blessé. Je suis entré seul.

« Vermorel succombait par suite d'une congestion pulmonaire; il n'avait pas de délire, comme on l'a dit à tort. Je lui ai dit que j'étais Jésuite; je lui ai parlé du collége de Mongré; je lui ai rappelé un souvenir d'enfance; j'ai nommé quelques Pères qu'il avait connus. Il a été sensible à la preuve d'intérêt que je lui donnais. Je lui ai dit mon nom et donné ma carte. Il m'a assuré qu'il ne se confesserait qu'à un membre de la Compagnie, et, soit qu'il se fît illusion sur la gravité de sa situation, soit qu'il prétendît en rester là, il me promit de me revoir quand il serait guéri et libre. Alors je lui ai représenté qu'il allait mourir et que c'était un bonheur pour lui d'avoir à son chevet un ami prêtre. Il se révolta d'abord contre ce qu'il appelait une charade d'intimidation ; il se plaignit ensuite de ce qu'on le regardait comme un réprouvé : « Vous, du moins, ajouta-t-il, vous ne me tenez « pas ce langage ! »

« Après une heure d'entretien, je lui ai fait accepter une médaille que je portais à mon cou, et je l'ai quitté, en lui promettant de faire prier pour lui les enfants que je préparais à la première communion, dans une paroisse de la ville. Je l'ai embrassé, et son irritation s'est calmée.

« A l'exercice suivant de la retraite que je donnais à la cathédrale, j'ai fait prier les enfants pour un mourant que je visitais et je suis retourné auprès de Vermorel. Sa mère était près de lui avec quelques sœurs de Saint-Vincent de Paul. Le mal faisait de rapides progrès ; je congédiai ces dernières. Ma première visite ayant suffisamment préparé un entretien sérieux, j'ai voulu profiter des instants qui me semblaient comptés. Je montrais à Vermorel la folie qu'il y aurait à s'obstiner

à poser pour la galerie, qui du reste ne s'occupait
pas de lui. Il a résisté quelque temps, puis tout à
coup il m'a attiré à lui et m'a dit, avec un grand
calme, en tenant ma tête près de la sienne : « Eh
« bien ! mon Père, je vous confie entièrement le
« salut de mon âme ; traitez-la comme vous trai-
« teriez la vôtre. »

« Combien a duré l'entretien qui a suivi, je ne
pourrais le dire. Nous parlions tout haut, les
gendarmes entouraient son lit. Je n'avais aucun
ordre de la Prévôté, par conséquent je ne pouvais
les faire éloigner. Ce qui a semblé toucher le plus
Vermorel, c'est ce que je lui ai dit de ma reconnaissance pour les efforts qu'il avait faits pour
empêcher le pillage du collége de Vaugirard et
pour adoucir la captivité de nos Pères.

« Puis, j'ai ajouté : « Le P. Ducoudray a prié
« pour vous dans sa prison, il l'a dit, et il prie
« pour vous encore ; c'est à lui que j'attribue la
« grâce d'avoir pu pénétrer jusqu'à vous. Nos
« chers morts doivent être heureux de voir, en ce
« moment, près de vous un de leurs frères en
« religion. » A ces paroles il me répondit en pleu-

rant : « Oh! oui, j'aurais bien voulu les sauver ;
« mais cela n'empêche pas qu'il ont été assas-
« sinés !... »

« Pendant le cours de cette visite, je fis faire au
malade plusieurs actes de contrition, qu'il répé-
tait après moi, en me tenant les mains et en
baisant un petit crucifix que je lui avais apporté.
Je lui ai donné l'absolution à deux reprises.
Quand je l'ai quitté, il était calme et me remerciait avec effusion. Nous nous sommes encore
embrassés.

« Le soir, vers sept heures, ses dispositions
étaient encore les mêmes; il n'avait pas cessé de
baiser ses médailles et son crucifix. Il parlait diffi-
cilement. Je lui renouvelai l'absolution.

« Le lendemain matin, quand je suis revenu,
j'appris qu'il était mort un peu avant minuit. »

# TABLE DES MATIÈRES




PARIS. — IMPRIMERIE ADRIEN LE CLERE, RUE CASSETTE, 29.

Cher ami,

Votre lettre m'a été remise ; remerciez vous donc — Que je remercie Monsieur le Directeur d'avoir laissé passer votre lettre — et que je veux remercier vous, si tristes qu'elles soient, de m'en donner des nouvelles — Elles ont cet avantage en m'arrivant, quand elles sont si tristes, de m'exciter à prier encore plus, à m'offrir encore mieux à Dieu pendant les jours de cette si chère si bénie — Quelle Providence que vous ayez pu rester là bas ! Comme il est manifeste que vous voyez que le Seigneur a tout conduit ! — Je voici à 41 j. de ma retraite à partir d'aujourd'hui je ne vois plus méditer que sur l'Eucharistie. N'est ce pas le meilleur moyen de me consoler de ne pouvoir monter à l'autel — Si j'étais petit oiseau, j'irais tous les matins entendre la messe quelque part, et je reviendrais après volontiers dans ma cage — Je suis très content d'avoir eu un mot par Ambroise et par le petit Henri aussi — Dites à tous bien des choses de ma part — un mot surtout à Armand pour moi. Comme je pense à lui. Il souffre plus que moi, j'en suis bien sûr — Et le Joanni aussi —

du fond du cœur tout à vous —

15 Mai 71
B. [illegible signature]

Mon révérend et bien aimé Père Provincial.

J'essaie de pénétrer jusqu'à vous, et si ce n'est pour vous parler os ad os, du moins pour vous donner signe de vie, et vous dire combien j'ai hâte de me rapprocher plus près de vous !

Vous connaissez notre histoire et ses tristesses.....

Ici, si je passe beaucoup de temps à prier, et un peu à souffrir. L'isolement, la séparation, les incertitudes et surtout la privation de célébrer la Ste messe, même d'y assister, c'est bien cruel !

Nulle communication possible sur conceptions mies. Ils sont là près de moi, dans le même corridor ; c'est tout ce que je sais.

Priez et faites beaucoup prier.... Une petite place, s'il vous plaît, à chaque Memento de vos messes, et alors spero pro orationes vestras me donari vobis.

Sera-ce bientôt ? Comme il plaira à Dieu.

En union de vous P. S.

Ro Vo humilissime servo et addictissimus filius

L. D.

9 Mai 1891

Madame,

Ce qui sert beaucoup à relever l'âme dans les épreuves, c'est de penser souvent à l'amour de Dieu pour nous : que de témoignages on en trouve, quand on rentre en soi-même ! — c'est aussi d'avoir confiance dans l'action de la Providence Divine, qui est toujours miséricordieuse, malgré ses rigueurs apparentes ; car Dieu, qui est notre Père et qui nous aime, se propose toujours, dans toutes nos épreuves, le bien de notre âme, c'est-à-dire de nous guérir, de nous perfectionner et de nous faire arriver au bonheur du ciel. Quand on est bien pénétré par la foi de cette vérité, on ne se trouble plus d'aucune épreuve, on espère contre toute espérance, et on s'efforce de persévérer dans la prière, qui obtient la patience et l'abandon filial entre les mains De Dieu. — Je tâche de m'en pénétrer de ces vérités qui dilatent l'âme et nourrissent sa confiance —, au milieu de toutes les circonstances, quelles qu'elles soient ma santé se maintient. — Priez pour moi, et agréez l'expression de mon respect,

J. Coubert

Mon cher Jules,

Hier Lundi 22 nous avons été démenagés, et nous sommes actuellement à la Roquette probablement pour plus de Sûreté

J'ai vu cette nuit la lune et les étoiles et je l'écris sur le rebord de ma fenêtre sous le ciel bleu du ... en table ne change La vie de l'homme peut être très simplifiée

Nous ignorons nos nouvelles conditions d'existence elles paraissent ne pas nous faire un isolement aussi complet qu'à Mazas

4ème Section N° 6

Grande Roquette

Al Clerc

Dimanche, 5 février

Ma chère Marie Thérèse

Après avoir passé, depuis mon retour de la campagne des Ardennes, une partie du siège aux avant postes de Montrouge, et une autre partie, aux avant-postes de Vitry, près le fort d'Ivry j'ai été envoyé, pendant le bombardement, au secours des blessés de St Denis et c'est là que je me trouve en ce moment. J'ai naturellement souffert de la nourriture et du manque de lit mais je me suis relativement très bien porté les obus et les balles ont respecté mon individualité.

Adieu mille choses à tous,

G. de Sergy

www.ingramcontent.com/pod-product-compliance
Ingram Content Group UK Ltd.
Pitfield, Milton Keynes, MK11 3LW, UK
UKHW021053150726
13693UKWH00007B/463